高等院校教学创新团队建设研究

邵东春　杜　英　著

中国国际广播出版社

图书在版编目（CIP）数据

高等院校教学创新团队建设研究 / 邵东春, 杜英著
. —— 北京 : 中国国际广播出版社, 2023.1
ISBN 978-7-5078-5212-7

Ⅰ.①高… Ⅱ.①邵… ②杜… Ⅲ.①高等学校 – 师
资队伍建设 – 研究 Ⅳ.①G645.12

中国版本图书馆CIP数据核字(2022)第186146号

高等院校教学创新团队建设研究

著　　者	邵东春　杜　英	
责任编辑	林钰鑫	
装帧设计	晟　熙	

出版发行　中国国际广播出版社 [010-83139469　　010-83139489（传真）]

社　　址　北京市西城区天宁寺前街 2 号北院 A 座一层
　　　　　邮编：100055

网　　址　www.chirp.com.cn

经　　销　新华书店

印　　刷　廊坊市广阳区九洲印刷厂

开　　本　787mm×1092mm　1/16

字　　数　220千字

印　　张　10.5

版　　次　2023 年 1 月北京第1版

印　　次　2023 年 1 月第1次印刷

定　　价　58.00 元

CRI
中国国际广播出版社
欢迎关注本社新浪官方微博
官方网站 www.chirp.cn

前　言

　　高等院校作为国家创新体系中的重要组成部分，在推动创新型前沿科技研究、科技成果转化、培育国家科技人才核心竞争能力、建设创新型国家等方面发挥着十分重要的作用。同时，高等院校教学团队建设是也提高高校师资队伍素质、提高高校教学质量、培养社会需要的创新型人才、提高学校核心竞争能力等的关键因素。因此，高等院校应根据自身特点，按照引进急需人才、用好现有人才和培养未来人才的原则，积极探索人才管理工作的新机制，积极促进学校教学工作中老中青教师结合，通过教学团队成员之间的教学研讨、经验交流、教学与科技创新等高度协作，发挥资深教师在教学与科技创新的中"传、帮、带"作用，建设一支具有核心竞争力的高质量教学团队是一项迫切需要研究的课题。

　　教学团队协同发挥的大小，在很大程度上取决于该团队是否拥有和谐宽容的文化氛围。高等学校的教师管理，倡导以人为本，做到人本管理。对一个教学团队要有"海纳百川、有容乃大"的精神，营造宽松的学术氛围，追求和谐的教师团队文化发展，为教师培养搭建平台，健全激励和评价机制，促进教师持续发展。

　　高校的每一位教师都是独特的个体，其差异性体现在学术经历、道德水准、工作能力、个性爱好等诸多方面，他们对生命价值的追求也是独特的。高校管理者对教师进行管理时，应认识到教师个体差异性的存在，充分尊重不同教师个体对生命价值的独特追求，以欣赏的眼光看待每一位教师的生命价值，做到人本管理。高校管理者不仅要清楚教师目前的能力，更应看到他们的潜力，关注他们的进步，应能够站在教师的立场设身处地为他们思考，在沟通中增进相互之间的理解，使教师能身心愉快地投入工作。

　　现代科技任何一项重大研究成果的取得，往往需要各方面专业人才通力配合与协作，团队发挥着越来越重要的作用。营造和谐的教师团队文化氛围，就要为教师创造一个人人参与平等交流的互动平台。一方面，应在教师和学校管理者之间建立平等的对话模式，鼓励教师在学校各种场合与高校管理者平等交流，让教师能畅所欲言；另一方面，应加强教师之间的交流与分享，帮助教师改善人际沟通理念和技能，鼓励教师之间形成相互激励、相互帮助、共同提高的团队关系，为知识的自由共享和再创造提供保障，最终提高每位教师的创新能力和工作效率，从而促使团队更加强大。

目　录

第一章 高等院校教学创新团队建设概述

第一节 高等院校教学团队建设内涵

教学团队的建设是促进教育教学改革、提高教学质量的重要途径。本节在讨论高等院校教学团队的含义、特征及团队建设重要性的基础上，提出高等院校教学团队建设的基本策略。这对高等院校教学团队的建设具有重要的理论和现实意义。

为了提高人才培养质量，教育部、财政部发布了《高等学校本科教学质量与教学改革工程的意见》，重点提出教学团队与高水平教师队伍建设，要求高等院校加强本科教学团队建设，重点遴选和建设一批结构合理、教学质量高的教学团队，建立高效的团队合作机制，推进教学内容、教学方法改革及研究，促进教学经验交流和研讨，开发教学资源，推进教学工作的老中青相结合，发挥"传、帮、带"的作用，加强青年教师培养。因此，通过分析高等院校教学团队建设的重要性，思考如何构建高等院校教学团队，对教学实践具有重要的指导价值和意义。

一、高等院校教学团队的内涵

所谓团队，是指有一定技能、愿意等并朝着共同的目标而相互协作的个体组成的正式群体。它的本质特征在于拥有共同的目标，即团队成员的个人目标和集体目标是一致的。团队所起的作用远远大于个人能量的总和。教学团队是指，以学生为服务对象，以教研室、实验室、研究所、教学基地、工程中心、实训基地等为建设单位，以专业技能互补而又相互协作沟通的教师为主体，以教学内容和教学方法的改革为主要途径，以系列课程和专业建设为平台，以提高教师教学水平和教育质量为目标，在多年积累的教学改革和实践中构成的，具有明确的发展方向及目标、良好的合作精神、合理的梯队结构等而组成的一种创新型教学基本组织形式或正式群体。其主要特征有以下几点：首先，所谓团队必须有一个心之所向、为之努力奋斗的核心目标，包括共同的教学目标、准确的教学规则和未来达到的高层次目标、内心追求的教学热情、团队和谐的目标等。其次，团队要具有教学工作的互补性，教学团队成员之间不仅要在专业学识、教学技能上具有互补性，还要在性格、情感等方面具有互补性。再次，团队要有良好的沟通交流能力。鼓励团队成员之间全方位沟通，在"百家争鸣，百花齐放"的基础上，提高效率，化解矛盾。最后，团队要有科学合理的协作分工意识。即便本专业或本课程的教师也要有分工协作意识，并在团队内部提倡协作精神，明确划分每个成员的工作范围和职责，赋予团队成员强烈的教书育人感。

二、高等院校教学团队建设的重要性

（一）有助于教师专业教学水平的提升

作为教师队伍建设的重要组成部分，教学团队建设是学校学科建设的重要一环，能从根本上保证学校教学质量，同时能够加强学校高素质教学人才队伍建设，最终推动学校科学发展、可持续发展等。随着现代信息技术的高速发展，学校的教学受到多重挑战，学生不再满足原来单一死板的教学内容，教师仅仅依靠个人的专业知识和经验是难以满足学生多样化、深层次需求的。因此，必须走一条合作交流、共享共赢的新型高等院校教学团队建设之路。这不仅需要经验丰富的老教师"传、帮、带"青年教师，还需要老教师和青年教师互相交流，相互学习，共同成长发展。这样的建设过程，一方面可以让教师在教书育人中拥有授业解惑的满足感、成就感等，感受到共同学习的快乐和创新的愉悦；另一方面可以使教师在创新式教书育人中实现自我，在学校这个广阔无垠的舞台上发挥教师永恒创造力及无尽智慧。

（二）有助于教师间教学协作

高等院校人才培养就像建设一栋复杂的建筑，不是一砖一瓦简单搭建就可以的，它是一项长期系统科学的工程，需要依靠全体教师相互信任、团结协作等，才能最终达到预定目标。在教学团队建设中，要克服个人本身的狭隘性、封闭性和自满性，通过学术交流、专业交流、经验交流等，建立教学团队成员间的互补性、分享性和融合性，要求成员开阔视野，取长补短，秉承"三人行必有我师"的精神，合理吸收其他成员的知识、见解和长处。

（三）有助于青年教师培养及教学改革研究

青年教师是学校发展的希望和未来，他们的整体素质关系学校未来的人才培养质量和学科建设水平。一方面，青年教师富有工作热情，精力充沛，思维活跃，学科知识较新，能够给高等院校教学带来欣欣向荣的氛围和活力；另一方面，青年教师又存在经验匮乏，方式方法单一、脱离实际、理解肤浅等缺点，在教学水平、专业素养等方面与老教师存在较大差距。那么，解决青年教师的培养最行之有效的途径即是组成教学团队。通过团队建设，培养有潜能的青年教师作为教学团队的学科带头人，鼓励他们在专业建设、课程设置、教学改革领域中创新尝试，在失败中获得宝贵经验，在成功中锻炼教学科研能力。

三、构建高等院校教学团队战略

（一）创建多种类型的教学团队

建设高等院校教学团队，不能把眼光仅仅集中在某一门单一课程中，要放远目光，结合社会发展实践和学科拓展前沿，不局限于专业学科限制，形成跨专业、跨院系、跨学校、跨地区，甚至是国际合作交流，才能够组建一支高质量、高效率、高水平的教学团队，如北京大学基础数学教学团队、北京交通大学国际工科基础课程物理教学基地教学团队、虚拟仿真实验专业教学团队等。

（二）构建结构合理的教学团队

高水平、高效率的教学团队规模不宜太大，成员数尽量不要多于10人，这样才有利于成员的理解交流，产生可靠的凝聚力和信任感。在实践中，我们要考虑教学任务的艰巨性、复杂性和难易程度，来确定教学团队的规模，基本原则是"宜小不宜大"。如果一个院系教师人员较多，可以根据专业技能、知识技能、职称、年龄等因素，采取组建多个教学团队的模式，构建合理的具有成员互补性的教学团队。

（三）建立高效运行管理机制的教学团队

一个团队能否健康发展的关键是教学团队内部运行管理机制是否良好完善，而运行管理机制又需要漫长艰难的教学团队的人才培养。这种人才培养不仅要进行基础研究和应用研究的训练，还要使其形成扎实的基础理论知识和实验技能，最后使教学团队人才掌握科学的思维方法，具备较强的获取知识能力，以及探索精神、创新能力和优秀的科学品质。

第一，赋予教学团队自主权，由其自主决定团队成员、建设经费、教学内容等。在符合高等院校建设的大政方针之下，避免非正常、无理、无关的干预阻挠因素，促使教学团队建设在宽松活跃的氛围中成长。第二，根据人才培养的规律和趋势，对人才培养方案与人才培养途径进行合理调整，不断吸收新理念、新思路等采用形式多样的新方法。第三，在团队内部采取竞争激励、目标激励等方法，如成员的末位淘汰制、教学团队带头人的责任机制等；并且建立教学改革问题的民主协商机制和定期研讨机制，充分发挥教学团队成员的创造力和智慧，形成团队相互帮助学习的凝聚力。第四，建立学校、学生评价相结合的制度，学校应当努力让每个教师得到充分和谐发展，促进教师需求和学校需求相结合，促进教师的现实表现与学校未来发展相结合。

（四）制定切实可行的执行制度

《孟子》有云："不以规矩，不能成方圆。"在教学团队中，必须以规则或运作模式，规范教师的个体行动，通过规章制度约束教学团队成员的行为，明确教学团队成员的权利与义务。因此，具体的教学团队制度应当对成员的遴选和退出、目的和任务、权利与义务、奖惩机制、考核聘任方式、教学研讨制度、交流合作方式等做出明确详细的规定。此外，奉行"百舸争流、百花齐放"的原则，拒绝学术霸权，坚持学术面前人人平等，提倡民主集中的学术氛围。例如，成员除享有教师的权利外，还要参加教学团队活动，履行团队义务，对教学团队负责。

（五）规范严格有效的管理措施

首先，规范处理学术问题。"内行看门道，外行看热闹"，专业的学术问题需要专业人士解决。在高等院校环境中，绝对要避免行政权力粗暴干涉，向教学团队提供自由的学术环境和氛围，在"用人不疑，疑人不用"的前提下，真正赋予教师学术权利，规范处理学术问题。其次，倾斜适当政策。高等院校重科研轻教学的教师考核评价制度，使教师急功近利出科研成果，忽视"十年种树，百年育人"工作。要改变这一现象，需要国家、社会和学校转变观念，适当倾斜政策，鼓励激励教书育人，把加强教学团队建设放在首要位置。最后，有力的资源保障。物质基础决定上层建筑。教学团队建设需要物质资源的有力保障，不管编写新教材、改革新课程、研究新课题等，还是举办讲座、召开会议、合作项目等，都需要充足的经费、丰富的资源来保障，并使之科学化、制度化、常规化等，以保障教学团队高效运行。

第二节 高等院校教学团队转型

高等院校转型是高等教育适应经济社会变化的发展方式变革，也是一项长期复杂的系统工程。教学团队是高等院校教学建设和改革的先导力量，适应高等院校转型是现阶段教学团队内涵发展的必然要求。打破"重学轻术"的传统观念及其教学、科研等的运行模式，重构教学团队理念，按照职业教育规律跨界融合行业企业开展教学与科研，提高应用型人才培养质量和服务社会的能力，是教学团队适应高等院校转型，实现教学团队内涵创新发展的理性选择。

当前，我国经济正依靠科技促进产业转型发展。高等院校应该培养大批掌握先进技术的创新型、复合型技术技能人才。改革高等教育结构，促进地方本科高等院校向应用型转变是经济社会发展的必然要求，也是高等教育发展的必然规律。实现高等院校转型，任务千头万绪，而中心工作只有一个，即教学工作。教师是学校教学工作的主体和人才培养工作的具体承担者。教师转型是高等院校转型的关键，教学团队转型则是高等院校转型向前推进的显著标志。无论创建一个品牌专业，还是构建一门精品课程，教学团队都决定着人才培养方案的改革程度，决定着课程内容的先进性与科学性，决定着高等院校科学研究、服务社会等的质量和水平。只有通过教学团队把应用型高等教育理念内化为团队的自觉行为，高等院校转型才能取得实质性突破。

一、适应高教变革：教学团队转型的背景

（一）提高人才培养质量是高等院校教学团队转型的根本目标

高等院校教学团队以提高人才培养质量为目标，具有共同价值取向、能够充分发挥高等院校职能、相互依存、分工合作、共同承担责任等的教师组成的共生群体。目前，部分地方本科高等院校为适应我国创新驱动发展战略和经济转型发展，正在从办学理念、办学定位、人才培养目标、专业设置、课程体系、师资队伍等方面向应用型转变。高等院校转型是以提高高等教育质量为目标的系统变革。改革高等教育结构，培养经济社会发展需要的应用型人才是高等院校转型的目标，也是教学团队进行教学改革、教学创新等的方向。教育部在实施高等院校本科教育"质量工程"建设的相关文件中强调，本科教育是高等教

育的主体和基础，是提高整个高等教育质量的重点和关键。这要求高等院校紧紧围绕提高本科教学质量这个中心目标，积极打造优秀教学团队，通过教学团队建设，改革一切不适应经济社会和人才成长规律的教学观念，优化人才培养方案、专业结构、专业设置与课程内容，创新教学模式和教学方法，建设精品课程，编写优质教材，扩大和完善实践教学基地，切实提高本科教学质量。教学团队是高等院校着力打造的创新群体。适应高等院校转型发展，创新团队内涵，转变教育理念和教学模式，提高人才培养质量，是当前教学团队转型的主要目标和任务。

（二）按照职业教育理念优化结构是教学团队转型的内在要求

教学管理理论视野的教学团队是在长期合作基础上形成的教学群体，强调结构合理，知识、年龄、职称、能力等互补。相关理论认为，结构合理的团队，一般由实干家、协调员、推进者、智多星、外交家、监督员、凝聚者完美主义者等角色组成，团队成员身份多种多样，互补性强。如果把这个理论引入地方高等院校教学团队中，其团队结构不仅需要善于理论教学的教师，而且需要有丰富实践经验的行业企业管理人员和技术人员；不仅需要教学经验丰富的教师，而且需要善于将知识转化为技术的应用与研发人员。《国务院关于加快发展现代职业教育的决定》提出，引导一批地方本科高等院校向应用型转变，要重点举办本科职业教育。按照职业教育类型改革本科高等院校，教学团队转型的逻辑必然是按照现代职业教育规律，弥补短板，提升团队成员的实践教学能力、技术应用能力和开发能力。不仅如此，团队还要引进行业企业管理人员和技术人员，优化团队结构。潘懋元先生曾说，应用型本科高等院校需要一大批专业知识扎实、实践能力过硬的"双师型"教师。他们不仅善于传授专业知识，而且熟悉岗位操作，并能通过恰当的教学法培养应用型创新人才。因此，建设一支"双师型"教师队伍是高等院校转型取得成效的重要保障。教学团队只有重新优化结构，做到知识互补、能力互补、技能互补、行业互补、跨界融合等，把教师队伍打造成为一个具有学术性和应用性兼备的新型群体，才能提高本科教学质量，培养出经济社会转型发展所需要的应用型技术技能人才。

（三）校企合作，产教融合是教学团队转变教学模式的必然选择

我国经济发展已经进入依靠科技进步和知识创新来支撑产业发展的新阶段。要保持经济持续发展，需要拥有高科技尖端人才，更需要大批高素质技术应用人才。培养应用型人

才，需要按照职业教育模式，跨界融合行业企业，密切产学合作，实现产教融合。这是建立中国应用技术大学的必然选择。1998 年，联合国教科文组织在世界首届高等教育大会上提出，高等教育应加强与职业界的联系，让职业界的代表参与高等院校的管理工作，不断为师生增加国内和国外当学徒及边工作边学习的机会；职业界和高等院校之间要进行人员交流，紧密结合生产实际，修改课程。这个具有前瞻性的宣言强调高等院校应加强与职业界的联系，实行产学合作教育。近二十年来，校企合作、产教融合等已经成为世界高等教育适应全球经济一体化的发展趋势，是应用技术大学人才培养的主导模式。该模式以培养学生的应用能力和创新能力为目标，以提高学生的综合素质为核心，充分利用学校、企业、科研院所等各种教育资源，发挥其在人才培养方面的独特作用，通过彼此合作与交流，把学校教育与实践教育（如工学结合、岗位实践、参与科研等）有机结合起来，提高高等教育的社会适应性，增强学生的应用能力。《国家中长期教育改革和发展规划纲要（2010—2020 年）》提出，发展职业教育必须建立健全政府主导、行业指导、企业参与的办学机制，制定促进校企合作办学法规，促进校企合作制度化。《国务院关于加快发展现代职业教育的决定》指出，加快现代职业教育体系建设，必须深化校企合作，实现产教融合。教育部原副部长鲁昕在产教融合发展战略国际论坛上强调，高等院校要牢牢把握好产教融合、校企合作这一转型发展的路径，主动与地方政府、行业企业建立更加紧密的合作关系，将产教融合、校企合作落实到学校管理、教学的各个环节。综上所述，开展本科职业教育，无论办学思想、教学模式，还是管理制度，只有顺应国家经济结构调整和产业转型发展的趋势，加强校企合作，深度融入地方产业，地方高等院校才能办出特色、办出水平。教学团队作为高等院校课程建设与教学实践的主导力量，只有按照高等院校转型的路径，主动打破封闭的自我发展模式，将团队教学和人才培养融入产业技术更新、公共社会服务和科技发明创造的各个环节，在校企合作、产教融合等的过程中探索、锤炼、磨合等，才能实现教学团队内涵的实质性飞跃。

二、向应用型转变：高等院校教学团队建设存在的主要问题

（一）教学团队观念滞后，阻碍高等院校转型发展

教学团队转型面临的首要问题是教育观念。有专家认为，高等院校转型的最大障碍在于观念。观念是行动的先导，它引导人们前进的方向。高等院校转型是高等教育结构的调

整，是一种真实存在的战略及理念，需要全体成员去努力践行。然而，观念转变绝非易事。首先，长期以来，主流教育文化一直认为，研究型或学术型高等院校代表着"高层次的大学"。在这种思想作用下，教学团队带头人一般由综合性、学术型大学出身的高职称、高学历教授担任，成员也多为综合性、学术型大学毕业的年轻博士和硕士研究生。具有多年研究型思维的教学团队，面对学校转型要求，一时很难接受"应用性"这一观念。其次，受传统"重学轻术"思想的影响，教学团队在整个社会普遍歧视职业教育的文化环境中，从习以为常的学术性教育转向职业教育，在教育观念上难以认同。高等院校校长尚且如此，何况教学团队呢？最后，高等院校教学团队转型难以适应职业教育的教学模式。在长期的学术型教育环境中，教学团队在教学观念、课程建设、资源建设、专业实习等方面形成了一整套成熟的教育模式，教师已习惯于按照学科体系开发课程与教材，强调陈述性知识，人才培养方案追求学科体系的系统性、完整性等，难以重视校企合作、产教融合等新观念，不会主动与行业企业共同开发课程，也不积极深入行业企业进行实践锻炼，忽视以社会需求为目标的技术应用等。

（二）教学团队结构失衡，缺少企业实践能力

应用人才的培养是一种职业教育活动，要求教师具有丰富的行业企业实践经历，强调教师的应用能力。应用型本科高等院校教师发展的价值取向应该是"双师型"。这种取向从理论上看是师生授受关系确立的必然逻辑。从应用型人才培养规律来看，教学活动是分阶段进行的，每个教师都有自己的分工，理论教学、实践教学、理论教学兼实践教学，各有所长，正是这些差异构成教学团队知识、能力、素质与特长互补。然而，应然与实然、理论图式与现实建构之间并不是一种简单线式的转化关系。受各种预期或非预期因素制约，许多符合理论逻辑的教育图景在实践中常常陷于困境。从那些被评为国家级和省级优秀教学团队的实际构成来看，其结构类型不能适应高等院校转型发展的需要。长期以来，我国高等院校教师发展政策崇尚"高端化"和"优异化"，以致教师队伍建设都特别青睐"985"或"211"等重点大学毕业的博士和硕士研究生，他们在宣传本校国家优秀教学团队时，特别突出教学团队成员的国际学术经历，出版了多少部学术专著、多少部国家精品教材，获得了多少国家级项目，得到了多少研究经费等，很少提及团队成员在企业锻炼了几年，带领学生在企业实践中学习效果如何，为企业解决了什么技术难题，技术研发有什么新突破，开发了何种新产品，等等。

（三）团队科研脱离生产实际，忽视服务地方经济社会

德国教育学家威廉·冯·洪堡认为，大学是教学科研一体的高等教育机构。教学的本质是教学与科研的结合。教学与科研融合发展，相辅相成，相互促进，已成为世界各国高等院校的共同特征。对高等院校教学团队建设来说，脱离教学的科研和脱离科研的教学都是片面的。在高等院校转型背景下，教学团队的教学与科研内涵也将发生变化。应用型本科高等院校科研在目的、性质、内容、对象、方法、要求等方面，与综合性高等院校有很大差别。应用型本科高等院校进行科研较少关注基础理论研究，而是把主要精力放在围绕地方产业技术创新、开展应用开发研究等方面。它们这么做一方面，是为了提高高等院校服务地方经济社会发展的能力和水平；另一方面，是为了拓宽教育视野和教学领域，积累和创新教学资源，增强应用型人才培养的针对性。总之，应用型本科高等院校科研的目标不是追求高深学问，而是通过高新技术开发研究，发展高新技术，在产学研融合中培养大批应用型高级专门人才。因此，高等院校教学团队是否能够以市场为导向，为产业转型发展服务；是否能够将科研成果转化为现实生产力，为行业企业科技创新提供技术支持，是衡量高等院校教学团队内涵发展的一个重要标志。反观现实，无论综合性大学，还是一般地方本科高等院校，教学团队的科研都在学术型科研评价体系的束缚下偏重基础研究。

三、实现内涵创新：教学团队转型发展的路径选择

（一）按照高等院校转型发展要求，反思教学团队建设观念

高等院校转型首先是观念转型。如果教育观念不转变，不能把职业教育观念内化为实际的教学行为，就不能培养出经济社会所需要的应用型人才。转变观念需要教育反思。没有对教育实践的审视反思，教育观念就不可能取得飞跃式发展。在产业结构转型升级的背景下，许多高等院校固守学术型教育模式、人才不能满足职业岗位的需要、大学生就业面临结构性困难等现实问题依然突出。高等院校教学团队是延续过去传统的学科教育理念，还是适应经济社会发展和高等教育变革及时转型，是每一个团队成员必须认真思考的问题。从学术型教育转向职业教育，重视技术应用为目的的实践教学，必须把视线由传统的教学价值取向转移到课程的应用性、技能性和实践性上来，树立为学生终身发展服务的观念与意识，提高学生的职业能力、技术应用能力等，把增强学生的就业竞争力作为教学重点。在教学团队结构的类型优化上，要充分认识团队个体素质和能力的不足，激发自己成为理

论教学与实践教学的多面手。在教学模式转型上，高等院校教学团队成员要充分认识应用型本科校企合作、产教融合等的意义，积极参与企业实践活动，深入企业，在实践中锻炼，在锻炼中成长，提高专业发展能力。在团队科研目标和服务对象上，团队成员要认真反思学校职称科研的弊端，从而调整科研目标，增强服务社会的意识和能力。反思不仅是对教学过程的回顾，还要把注意力放在普通高等教育向职业教育理念的转变上；不仅要看理论教学、实践教学等的比例，更要看如何实现两者之间的相互渗透，教学做如何实现一体化，从根本上改变过去习以为常、轻车熟路的教学模式。

（二）通过高等院校培训、企业实践和引进聘任，优化教学团队结构

教学团队是高等院校教学改革中具有团队精神和学习能力的教学群体，团队的每一个成员在某一方面应有较强的实力。教学是一个学习积累的过程，也是一个知识创新的过程。继续教育、持续创新等应该伴随教师职业生涯的全过程。适应高等院校转型，教学团队不仅要转变教育观念，而且要学习应用性教学理念，研究新型教学模式，积累企业实践教学经验，以提高服务社会的水平和能力。

首先，教学团队要按照结构类型优化要求，制定"双师型"教师培训计划，通过脱产、半脱产、寒暑假短期学习等形式，分期分批赴职业技术学院进修，开展补偿性教育，特别是学习职业教育理念、教学模式和专业理论指导下的技术操作能力与技术创新能力，以适应应用型实践教学和研究的需要。其次，加强与对口大中型企业合作，提高教学团队的专业实践能力。教学团队成员到企业实践学习新知识、新技术和新方法，获得相应的技术实践能力和工作经验，是教学团队适应高等院校转型、提高专业化水平的重要途径。教学团队成员学习背景单一，普遍缺乏行业企业实践和工作经验，理论功底相对扎实但动手实践能力薄弱，这种现实决定着教学团队很难培养现代企业所需要的职业技术人才。教学团队成员能否获得行业企业所需要的职业岗位实践技能，已经成为应用型本科高等院校教学团队转型成败的关键。《关于进一步加强职业教育工作的若干意见》提出，专业教师每两年必须有两个月以上的时间到企业或生产一线进行实践，并作为教师提职晋级的必要条件。《关于地方本科高等院校转型发展的指导意见》提出，高等院校转型必须适应实践教学要求，建设一支既具备扎实的基础理论知识和较高的教学水平，又具有较强的专业实践能力和丰富的实际工作经验的"双师型"教师队伍。"双师型"教师占专任教师的比例要逐步达到50%以上。教学团队要根据结构优化目标，统筹安排团队成员深入行业企业，开展

岗位实践，积极参与企业的技术改造与技术攻关，提高其运用专业知识分析问题、解决问题等的能力，及时掌握职业岗位对人才的规格要求，为课程改革提供科学依据。最后，引进或者聘请行业企业人才加入教学团队，创新教学团队内涵。鉴于目前我国高等院校极度缺乏具有行业企业背景的教师的现状，高等院校教学团队在优化结构时，要认真反思，摒弃片面强调团队带头人和成员要主持过国家级科研项目，在本学科权威期刊发表或被 SCI 收录论文 N 篇以上、SSCI 收录论文 N 篇或 CSSCI 期刊论文 N 篇以上等陈旧思维，重视从行业企业引进或招聘高级技术人员，既要考虑他们的学历层次、知识结构等，又要强调丰富的行业企业专业实践经历。

（三）跨界融合行业企业，重构团队教学模式

教育与生产实践相结合是一种教育理念，也是一种教学模式。校企合作、产教融合等是高等院校转型必须秉持的教育理念和教学模式。高等院校转型的根本目的是促进高等教育适应经济社会发展。应用型本科高等院校人才培养是否适应社会实际需要，最终要具体落实到企业需求上。只有深入企业，与企业合作，才能准确判断企业的实际需求，才能对社会经济未来的人才要求变动趋势做出正确预测。当前，依靠创新驱动的产业转型急需大批研究开发人才、设计制造技术人才和经营管理人才。培养这种应用型人才，必须在产业转型发展的具体实践中，在校企合作、产教融合的环境中、模式下进行。高等院校教学团队应及时转变教育理念，注意提升实践教学能力，改变教学活动方式；应以学科体系的先进性、科学性、系统性构建专业体系、人才培养方案和课程体系，特别注意协同行业企业制定人才培养目标、规格等，让其全程参与建设课程体系，确定教学内容，实施培养过程，制定教学质量评价标准；还应习惯于学校的实验室教学，习惯于走进工厂、车间的教学、应用和开发；应了解行业企业的发展现状、技术流程等，掌握行业企业未来技术的发展趋势；应了解学生即时性的技术需要，培养学生具有前瞻性的眼光和迁移能力；应重视学生学科知识的创造和科学技术的创新，要求学生在企业实践中寻找实际技术问题，培养其应用所学知识转化为新技术，进而转化为新产品的创新能力；应多关注学生课堂学习的职业道德，注意在企业实践过程中培养其企业文化和职业精神。总之，地方高等院校教学团队只有按照产学合作、产教融合的教学模式，重塑教学团队，才能创新高等教育形式，提高应用型人才培养质量，助推高等院校转型。

（四）适应产业转型升级需要，促进团队转向应用科研

高等院校教学团队不仅是培养应用型人才的团队，也是为企业提供专业咨询、技术指导等，提供应用性研究成果，服务社会的科研团队。教学团队致力于应用研究，一方面可以开发学校为行业企业服务的市场，通过技术服务、技术开发和成果转化，为学校知识成果转化为物质成果提供平台；另一方面，也能够为企业吸收先进技术，提升产品档次，增强市场竞争能力，开拓未来市场提供智力支撑。更为重要的是，高等院校教学团队为地方产业转型而开展的技术服务或新产品开发实践，能够反哺教学，既能够有效改善团队成员的知识结构和能力结构，培养其敏锐的观察判断能力、严谨的科学态度、缜密的思维方法、科学的推理能力等，又能够促进团队根据企业生产技术与工艺、技术人员结构、岗位变化等，对人才需求的规格、层次、数量等情况，改革课程目标、课程设置、课程内容和教学方法。地方本科高等院校与实力雄厚的研究型大学相比，没有足够的资金，没有高端先进的实验室，也缺少高深的理论专家和高级技术研发人才，理论领域很难取得重大突破。而发挥学科专业优势，充分利用企业资源，合作开展应用研究，团队科研往往能够取得突破。教学团队要适应高等院校转型，促进内涵发展，应充分利用地方特色资源，发挥教学团队科研优势，按照地方产业调整、转型发展等实际需要，与相关企事业单位合作，共同开展地域特色的应用研究，为地方企业生产技术创新排忧解难，帮助企业升级技术，提高生产效率，延长产业链，开发新产品，增加产品的科技含量和附加值。这是高等院校教学团队服务社会的基本职能所在，也是其科研生命力之所在。

第三节　慕课背景下的高等院校教学团队建设

"翻转课堂"作为一种创新型慕课（MOOC，Massive Open Online Course）混合式教学模式对高等院校教师提出了新的要求，仅凭教师个人的力量和精力很难面对课程教学的各种挑战。本节通过分析教师在"翻转课堂"MOOC混合式教学模式下面临的各种挑战，认为应该组建教学团队，依靠团队智慧与优势互补来应对"翻转课堂"实践中出现的各种困难和挑战，并就构建课程型教学团队提出对策建议。

当今社会，互联网、微课、慕课等新的技术和授课形式日益丰富着教学资源，也不可避免地影响着教师的授课方式和学生的学习方式。"翻转课堂"以其创新的MOOC教学模

式受到了国内外学校、教师和学生欢迎,也对教师提出了新的要求,给教师带来了诸多挑战,教师单凭个人能力已很难驾驭"翻转课堂"的全程教学。为此,构建课程型教学团队,对科学有效地实践"翻转课堂"具有很好的现实意义。

一、"翻转课堂"MOOC 混合式教学模式概述

"翻转课堂"也称颠倒课堂,起源于美国,是一种相对于传统课堂而言的教学形态。它是指在信息化技术辅助下,由教师提供教学视频,学生在课前观看与学习,并完成教师布置的教学任务;回到课堂上;师生面对面互动交流、讨论、答疑和完成作业的一种新型教学模式。

传统课堂一般包括知识传授和知识内化两个阶段,即在课堂上由教师来完成知识传授,课后由学生完成知识内化。"翻转课堂"较之传统课堂,从教学流程来看,就是将传统的"先教后学"颠倒为"先学后教";从课堂内容来看,将传统的课堂"知识传授"转化为"问题探索和研究";从师生角色来看,教师由传统课堂的"知识的传授者"转变为"学习的引导者",学生由传统课堂的"被动的接受者"转变为"主动的学习者"。

二、"翻转课堂"MOOC 教学模式下教师面临的挑战

"翻转课堂"将传统课堂上的授课内容置于课前,让学生自学完成,师生角色重新进行了定位与交换,看似教师轻松了,其实不然。翻转课堂绝不是简单地以视频取代教师在课堂上应起的作用,而是教师启发引导、与学生互动、授道释疑、探索求证的活动,更是将在线课程教学资料、教师、学生、教学方法等整合于一体的教学活动。在这一过程中,为了做到因材施教,有效挖掘每位学生的闪光点,教师承受着较以往更大的压力,面临着更多更复杂的挑战,对教师的专业素养和教学技艺提出更高要求。

(一)角色的转换,挑战教师的传统教学权威

要达到"翻转课堂"预定的教学效果,教师角色的成功转换是关键。在传统教学中,教师讲授占主体地位;"翻转课堂"更突出学生的主体地位,以及教师的主导作用。在实践中,老师怎么主导,如何让学生成为课堂的主演,尺寸如何把握,这些问题一直困扰着教师。教师往往难以把握住自己的角色定位,要么包揽得太多,讲得太多,一如传统课堂;要么完全撒手不管,布置任务后,任由学生发挥,变为一位旁观者。因此,在翻转教学改

革初期，教师很不适应，往往担心课堂内容讲不完，担心学生不能理解，教学效果不是很好。因此，"翻转课堂"改革面临的第一项挑战就是教师与学生角色转换。

（二）MOOC 信息化教学方式，挑战教师的信息技术应用能力

随着科学技术和时代的发展，高等院校学生的学习方式、学习风格等带有显著的信息化时代风格。多样发达的信息化翻转平台和学习工具，挑战着教师的信息技术应用能力，传统的教室、黑板、粉笔等，根本无法跟上瞬息万变的信息化技术革新。首先，在线平台选择的挑战。如小规模限制性在线课程（SPOC, Small Private Online Courses）平台、云课堂、智慧树等都为翻转教学提供免费在线课程平台，如何获取有利于自己教与学的教学资料，找到适合学生的在线学习平台，需要教师做出正确选择。其次，移动互联的挑战。随着移动互联与物联网时代的到来，传统的 PC 学习平台已无法满足学生随时随地学习的需求。适用于移动互联的学习工具将作为学生学习的首选。如何根据课程性质，结合学生移动设备实际，设计制作短小精悍的微视频，做好短平快型的知识点讲解、教学互动与讨论等，教师需要做出明智选择。再次，现场教学与慕课融合的挑战。在"翻转课堂"上，根据教学内容和课堂教学的需要，如何借助弹幕、微信、手机 APP、现场推题等常见课堂互动方式来提升课堂教学的吸引力和趣味性，教师需要正确抉择。最后，课堂数据反馈渠道平台的挑战。在传统课堂上，教师可通过学生的眼神获得教学反馈；而在"翻转课堂"混合式教学中，如何建设信息渠道平台与学生保持联系，在线答疑，需要教师认真对待。因此，无论教学视频的录制与课前平台学习的筛选，还是课堂内互动工具的借助，以及课后检测和反馈平台的运用，无不挑战着教师的信息技术应用能力。

（三）MOOC 巨大的信息量，挑战教师的学科知识素养

一场"翻转课堂"教学活动，涉及的信息量是巨大的，对教师自身的知识储备量是一项不小的挑战，特别是对他们的学科专业知识素养提出了更高要求。课前短小精练、高质量的教学视频，不仅需要教师具备扎实的学科专业知识和教学设计能力，更需要教师具备有效筛选整合信息的能力和视频设计制作能力。线下课堂活动中，教师作为"一旁的引导者"，需要有娴熟的知识传授能力和知识内容提炼概括能力；在课堂交流互动中，针对学生提出的各式各样问题，进行指导与解答，也考验教师的临场应变能力和已有知识储备量；对学生的课后反思，教师需要引导其不断提高归纳总结能力，逐步培养学生既具备良好的

学科专业知识，又具备发现问题和解决问题的能力。因此，无论课前教学资料的准备和课堂上的交流互动，还是课后的学习反思，无不挑战着教师学科专业知识的深度与宽度。

（四）MOOC 混合式的教学方法，挑战教师的教学艺术

"翻转课堂"成功与否关键取决于教师的教学组织水平。在"翻转课堂"实践中，学生是主角，教师是"导演"，但是怎么导，如何穿针引线，无不体现着教师的教学艺术。一堂将近 2 小时的"翻转课堂"教学，可能会涉及视频播放、知识讲解、小组讨论、问题探讨、案例分析、师生互动、学生上台表演等多种上课方式，如何巧妙地组合，让师生保持饱满而平和的情绪，达到理想的效果，需要教师精心设计；如何在课堂活动中做到动静有度，有序推进，对教师来说是一门艺术。特别是课堂中教师画龙点睛般的点评、对学生情绪的把控，都属于教师课堂的教学艺术范畴。因此，在翻转课堂中，教师如何从"话剧演员"转变为"导演"，如何让学生从听众转变为主演，无不挑战着教师的教学艺术功底。

三、组建教学团队是应对"翻转课堂"MOOC 教学实践中挑战的有效举措

"翻转课堂"混合式教学，无论在理论上，还是在实践上，无不显示出强大的生命力，其独特的教学理念、教学模式、教学方法等必须由教师在教学全程中予以贯穿。如前文所述，单个教师的力量已很难驾驭"翻转课程"的全程教学，客观上要求有一支高水平的师资团队做支撑。为此，构建教学团队，依靠团队的力量和优势互补来解决实践中的困难与挑战势在必行。

（一）组建课程型"翻转课堂"教学团队

"翻转课堂"教学模式虽然颠倒了传统教学流程，但宗旨还是让学生掌握本课程知识，提高学生掌握知识、应用知识和自主思维的能力。而"翻转课堂"混合教学式教学模式要实现某一课程教学，应组建由任教该课程的骨干老师组成的教学团队。这样既能解决单个教师面临的诸多挑战，又能集聚团队成员教师关于该课程的教学智慧和教学经验，从而充分发挥教师和学生的积极性、主动性和创造性，让学生更好地掌握本课程的精华，提升其综合能力；也有利于参与课程的教学团队成员之间在交流研讨中教学相长，从而提高教学研究水平和教学效果。

（二）重视团队的师资梯队建设

师资队伍建设是教学改革成功的基础。"翻转课堂"教学改革需要一支高水平的教师梯队。首先，人员相对稳定。它应由一定数量人员组成，由一人负总责牵头组建，一定时期内，组员原则上不能随意变动，确保其相对稳定。其次，人员梯次合理。一支有创造力的教学团队要考虑团队成员之间的职称、年龄层次等，还应考虑每个成员的学术背景，力争使各成员优势互补。教学改革实践离不开"老、中、青"的"传、帮、带"，离不开教师之间相互学习借鉴。打造一支师资合理稳定、互补性强的教学团队，能使各成员在知识、经验、教学方法、教学技巧等方面优势互补，发挥团队的最佳效果。

（三）树立以学生为中心的翻转教学理念

要达到"翻转课堂"预定的教学效果，教学理念的创新是关键。在"翻转课堂"中，一定要树立"学生是主角"的教学理念，即教师要从"话剧演员"转变为"导演"，学生要从听众角色转变为主演。在"翻转课堂"实施中，教师需要放弃原有的课堂教学权威，理解每个学生的求知规律，尊重每个学生的学习习惯，创造多元学习机会，将主动权交给学生，在实践中不断摸索与总结。教学理念的树立，由怀疑、动摇到自信、坚定，可能需要一个漫长的过程。而如能组建以课程为单位的"翻转课堂"教学团队，以团队成员的公开课或示范课为突破口，通过观摩与研讨，集思广益，让教师革除传统教学理念的弊端，突破束缚，帮助教师转变以往的教学观念。这将会使每个教师更加坚定自信，如虎添翼，受益匪浅。总之，通过教学团队来帮助成员树立起以学生为中心的教学理念，既要用学生的语言讲课，用学生的工具教学，用学生的主动性组织教学。

（四）提高团队的信息技术应用能力

随着信息化时代的来临，高等院校教师的教学方式、风格等同样带有显著的信息化时代风格。慕课平台的使用、微信公众号与在线讨论课堂的开设，如卡片投票、弹幕互动、手机 APP 等互动工具的使用、微视频的自制等，不仅要求教师能熟练掌握视频制作、编辑、剪辑等技能，更需要教师有高超的信息处理技术。这些信息技术的学习与掌握需要耗费教师大量时间与精力，依靠"单兵作战"很难完成。如能组建课程教学团队，通过团队不定期的信息技术培训与交流，就能有效提高教师的信息技术应用能力，节省教师大量时间和精力。如：课前，教师根据学生的实际情况和课程性质，结合学生移动设备实际，设计制作短小精悍的微视频，做好短平快型的知识点讲解，发布教学内容，通过微信群聊与学生进行在线讨论，更好地服务于教学目标。在课堂上，通过微信和PPT就可以实现弹幕等常见课堂互动，甚至可将教材、慕课、习题等资源整合，使慕课与传统课堂有机融合。课后，通过慕课平台收集课堂教学的反馈数据。更重要的是，对一门课程进行"翻转"，需要长期不断开发、创新、共享、完善教学资源，只有通过团队成员间长期分工协作，才能不断完善一门课程的"翻转课堂"教学资料。总之，组建教学团队有利于教师信息技术应用能力的提高，更能利用多样的互动工具使课堂"翻动起来"，更能保障"翻转课程"的长效建设。

（五）拓展团队教师的学科专业知识

"翻转课堂"的指导思想是突出学生的主体地位和教师的主导作用。无论课前教学资源的选择和准备，还是课堂中讨论主题的设计，以及学生课后知识的扩展与升华，自始至终应秉持该指导思想。当今社会，学科知识更新迅速，教师必须密切关注学科专业国内国际发展趋势，不断更新和拓展自己的知识面，使自己的知识体系符合教学要求，紧跟时代发展步伐。如能组建课程的教学团队，通过团队集体备课，博采众长，可有效拓展教师学科专业知识的宽度、广度与深度。首先，资深老教师将自己对学科体系的认知、经验等传授给青年教师，能让青年教师少走"弯路"；青年教师通过观摩有经验的教师授课，能更好地将学科知识融会贯通。其次，青年教师拥有高学历、高智商、海外求学经历等，在接受新生事物、关注学科国际国内最新前沿趋势等方面有优势，可让资深老教师大开眼界，保持"翻转课堂"内容的"年轻化"。最后，通过团队教研活动，成员之间相互交流各自的成功与喜悦、失败与困惑：如课前准备如何布置学生搜索学科前沿知识，课堂问题探讨中如何做好专业知识的引导与启发，课后的拓展知识如何布置，等等。这些都能使团队成员更好地优势互补，互相提高。

（六）提升团队教师的教学艺术

一堂成功的"翻转课堂"教学课，必须将教师、学生、在线课程教学资料、教学方法等有效融合，混合发酵，达成撼动人心、增长智能的教学活动。这个过程无时无处不体现着教师精湛的教学艺术。教师教学艺术的提高自然离不开个人自身不断努力、摸索和总结，但也需要同行之间切磋与交流，而教学团队为提高教师教学艺术提供了一种重要途径。在

"翻转课堂"上，知识点的组织学习、学生上台表现的时机、课堂互动方式、师生问题探讨的深度等，都要充分体现教师"导演"的身份，按事前的教学设计进行。课堂结束时，教师要突出自己的主导权，让学生转而退到专注倾听的角色等。这些都需要教学团队成员通过平时的教学活动来洞察、领悟、总结而不断改进，同时更需要团队成员间的交流、研讨、分享来获取宝贵的经验来提高。"翻转课堂"这种教学改革模式也在不断发展。在改革实践中，团队成员要根据学生的求知规律、学习习惯等，针对不同学科，共同摸索，不断改进，发挥团队成员的集体智慧来不断完善，依靠团队成员间的"传、帮、带"，取长补短，这样才能不断提高团队教师成员的教育教学能力和教学艺术。

（七）注重团队的学术研究

在提高教师教学水平、教学能力的同时，提升教师的科研能力也应是教学团队建设的应有之义。受学生欢迎的教师，光有教学实践经验不够，一定要将他们在实践过程中的体会、感悟、经验和教训升华到理论高度，并通过团队成员之间的切磋交流，将本学科的最新研究成果带到课堂中，与学生们分享，拓展他们的视野，不断培养学生的创新意识和科研能力。因此，在教学团队建设中，要注重学术研究建设，形成科研与教学互动、教学与科研相长的良好局面，不断提高教师的教学科研能力，培养学生的学习和创新思维能力。

（八）加强团队合作意识

团结和谐的团队氛围能增强教学团队的凝聚力。在"翻转课堂"中，师生间通过语言、情感等交流实现互动合作，实现教学目标，团队成员之间的团结合作也尤其重要。教学资源的开发与选择、课堂教学设计与组织、专业知识的疑惑、课后的学后反思、对教学模式的质疑与调整等，需要教师加强与同行间的沟通合作，通过碰面相互认同。团队氛围良好，环境宽松，团队成员就能更好地进行沟通、交流、学习、合作等，共同收获与成长。因此，在"翻转课堂"教学团队后期建设中，要在团队带头人的引导下，形成互相尊重、互相信任、团结和谐的团队氛围，实现教学团队的可持续发展。

第四节　高等院校教学团队建设内容及建设

高等院校教学团队建设的根本目的是提高教学质量，培养高素质合格人才。教学团队建设对高等院校师资队伍建设以及转变高等院校运行模式都有重要的积极意义。教学团队应从专业建设、课程体系建设、课程建设、实践教学等方面入手，开展教育教学改革研究，切实提升团队教师的教学能力。高等院校应采取重点培养团队带头人、增强团队凝聚力、鼓励教师再学习再教育、鼓励教师参加工程实践等措施，使教学团队真正发挥提升教学质量的引领作用。

现代高等院校无论教学领域和科研领域，还是行政管理领域，都不是仅依靠个人力量就能有成就的，必须依靠集体的力量，依靠团队成员的相互信任和合作才能实现目标。长期以来，高等院校往往存在只重视科研团队建设，而忽视教学团队建设的现象，所谓教学团队也只是简单地以教研室的教师或讲授某门课程的教师自然组成而存在，没有形成真正意义上的教学团队，不利于教学改革和教学质量的提高。教学过程中往往存在这样的现象：教师只顾个体教学，缺乏团队协调沟通，造成教学内容重复或矛盾；教师结构不合理，教学效果参差不齐；教师缺乏教学团队的约束和激励机制，教学无积极性和创造性。

教学团队建设计划作为教育部"本科教学质量与教学改革工程"的一项重要内容，是以团队协作的形式推进教学改革、推动教师队伍建设、提高本科教学质量等的一项重要举措。教学团队建设计划备受关注。高等学校普遍认为，教学团队建设富有开创性，成效显著，意义深远，对进一步创新高等院校教学组织形式、提高师资队伍教学水平、深化教育教学改革、优化人才培养模式、提高本科教学质量等具有积极的建设性作用。

所谓团队，就是指在工作中紧密协作并相互负责的小群体。团队中的个体都具有共同的目的和目标，彼此之间形成共同利益。教学团队就是以教学工作为主线，以先进的教育思想理念为指导，以专业建设、课程建设和教学基地建设为重点，立足于人才培养质量的提高，开展教学研究和教学建设的核心教师队伍。

教学团队具有一般团队的特征，主要表现如下：

①具有提升教学质量的共同目标，即教学团队中所有教师的根本目标就是提升教学质量。从这一目标出发，教师参与专业建设、课程建设、教学方法研究、教学改革，最终实现培养高质量人才的目标。

②团队教师必须具备团队精神。所谓团队精神就是团结协作的精神。教学团队教师之间应该相互帮助、共同努力，在工作中相互协作，实现共同的目标。

③团队成员应该形成合理的梯队。从团队的长远发展来看，合理的梯队是团队发展的

基础。教学团队成员应该在年龄结构、学历结构、学缘结构、职称结构等方面合理配置，由经验丰富的知名教师为带头人，以青年教师为团队骨干，形成由教授、副教授、讲师构成的教师队伍。

④团队成员应该相互补足。教学团队教师应该各有自己的优势与长处，通过团队教师间的相互协作，用彼此的长处弥补彼此的不足，从而实现团队的建设与发展，达到培养高质量人才的共同目标。

一、教学团队建设的目的意义

（一）教学团队建设的根本目的在于提高教学水平

教育部在启动教学团队建设计划时明确提出，本项目的实施，旨在通过建立团队合作机制，改革教学内容和教学方法，开发教学资源，促进教学研讨和教学经验交流，推进教学工作的传、帮、带和老中青相结合，提高教学水平。由此可见，教学团队建设的根本目的在于提高教学水平。教学团队建设是高等院校提高教学水平的抓手，是深入推进教学改革的重要举措。高等院校通过教学团队建设，推动团队教师间的团结合作，从而更有效地开展教学改革研究，充分调动教学资源，促进教师间的互通有无、共同进步、共同提高等，最终实现提高教学水平的目标。

（二）教学团队建设是加强师资队伍建设的有效途径

高等院校教学水平的提高最终还是依靠高水平的教师队伍。高等院校教师普遍存在松散管理的形式，教师各自完成自己的教学科研工作任务，彼此之间只有在共同工作时才有接触，如毕业设计、毕业答辩等。在日常工作中，教师间相互接触、相互沟通较少，从而导致教师的教学有种闭门造车的感觉，我上我的课，你上你的课，我不影响你，你也不能影响我。这样下来，教师年年重复工作，用着多年未变的教学方法，采用着多年未变的教学案例。长久下去，教师的教学内容、教学方法、教学方式等必然落后，跟不上时代步伐。教学团队建设必然成为高等院校师资队伍建设的有利契机。通过团队建设，将松散管理的教师凝聚在一起，共同开展专业建设研究、教学法研究、教学改革研究等。在共同研究中，老教师发挥其在师德师风和治学态度方面的带头作用，指导中青年骨干教师不断提高教师专业素质和教学能力，同时从年轻教师那里学习新知识、新观念等，逐渐形成一个共同学习、取长补短、资源共享、奋发努力的教学团队，进而营造一个良好的平台。

（三）教学团队有望改变学校和教师"重科研轻教学"的错误认识

长期以来，社会对学校的评价基本上都是基于其科研水平的高低，评价学校承担了多少项国家级科研项目，发表了多少篇高水平 SCI 论文等，学校为了逢迎社会的喜好，采取各种措施鼓励教师多承担高级别科研项目，多发表高水平论文，进而形成了一套易操作易量化的科研评价体系。教师只能按照这样的评价体系完成科研任务，进而导致了学校和教师"重科研轻教学"的严重问题。教师从治学态度上已经将教学放到了科研后面，何谈真正提高教学水平。

通过教学团队建设，使中青年教师在老教师的带动下，参与专业建设、课程建设、教学改革等教学基本工作，重新建立学校和教师治学才是教育之本，认识到教师提升业务素质和教学能力的重要性，改变"重科研轻教学"的错误认识，不断提高教学水平，培养高素质合格人才。

二、教学团队建设的基本内容

（一）加强专业建设

教学团队建设的根本目的在于提升教师教学水平，培养合格人才，高等院校必须明确培养人才的目标定位，明确培养人才的特色与优势，也就是要加强专业建设。由于各高等院校办学实力与办学水平不同，各高等院校所处区域不同，各地的发展水平、支柱产业等各不相同，各地域对人才培养规格的要求也不尽相同，各高等院校应培养适合本地发展的特色人才。教学团队应从各地人才不同的需求入手，挖掘本团队的优势，适应市场的需求，不断提高所培养人才的竞争实力。

（二）优化课程体系

随着时代的进步、科技的发展等，高等院校人才培养也必须与时俱进。某些高等院校依然沿袭着十几年，甚至二十几年前的专业课程体系，按部就班地实施教学。显然，这已经跟不上时代的步伐了。高等院校应以优化专业课程体系为契机，大力加强教学团队建设，把新时代发展需要的新知识传授给学生，把已经落后的陈旧技术摒弃，把多门课程涉及的重复性内容进行压缩，留给学生更多自由学习时间。建立新的课程体系必须从学生学习知识、培养能力、提升素质等角度出发，既要夯实学生的基础理论，又要强化学生的动手实践能力，为学生进入社会工作打下坚实基础。

（三）加强课程建设

课程建设是提高人才培养质量的具体举措。课程建设主要包括教材建设、教学内容建设、教学方法、手段改革等。近年来，高等院校各专业教材层出不穷，五花八门，同时也存在良莠不齐的问题。选择教材应以人才培养目标定位为依据，明确教学内容，优先选择国家规划的系列教材。当然应鼓励教师进行自编教材，以适合各地人才培养的不同情况。课程教学内容建设应依据教学大纲的要求，讲解必学的专业基础知识，同时应结合当地经济发展的特殊需要以及专业发展的最新成就，介绍专业前沿科技知识。授课过程应注重教学方法与手段的改革，结合使用设问法、案例法等先进教学方式，提高学生在课堂上的参与度，提升课堂教学质量。

（四）重视实践教学

当前大学毕业生普遍存在实践动手能力低下的问题。解决这一问题，就要求高等院校重视实践教学。实践教学包括校内实践环节和校外实践环节。校内实践环节一般是课程实验，课程实验包括验证性实验、演示性实验、综合性实验以及学生自主动手实验。在满足实践教学基本要求的情况下，应多采用综合性、创新性实验的形式，并鼓励学生自主设计实验，提高学生的动手能力。校外实践环节一般为实习，学生通过实习可以将课堂学习的理论知识与工程实践相结合，实现理论与实践的共同升华。校外实习多采用参观、在岗、模拟等形式，实习质量的好坏主要取决于实习基地建设的好坏。团队教师应该根据专业的实际情况，选择适宜的实习实践基地。

三、教学团队的建设措施

（一）重视团队带头人的培养

教学团队带头人首先应具有丰富的教育教学改革研究经验。教学团队建设的目的在于提高教学质量，团队带头人只有在教学方面具有深厚的造诣，才能带领团队教师开展课程建设，改革教学方法与手段，不断提高团队成员的教学能力。教学团队带头人还应该具备领导才能，这样才能够处理好团队与学校学院、团队内部成员等的关系，引领团队的发展方向。教学团队带头人还应具备目光远大、敢于尝试、勇敢开拓等人格品质。

（二）增强教学团队的凝聚力

团队凝聚力是指团队对成员的吸引力、成员对团队的向心力，以及团队成员之间的相互吸引力。团队凝聚力不仅是维持团队存在的必要条件，还对团队潜能的发挥有很重要的作用。一个团队如果失去了凝聚力，就不可能完成组织交办的任务，本身也就失去了存在的条件。教学团队凝聚力的形成主要取决于团队内部的人际关系质量，即情感因素、价值观念等的一致性，以及团队目标内化为个人自觉意识与动机的程度。因此，在教学团队的建设过程中，要十分重视团队凝聚力的培养，使团队形成一种荣辱与共、休戚相关的团队利益共同体，乃至团队命运共同体。

（三）鼓励教师再学习再教育

高等院校教师，尤其是工作十几年的教师，往往存在工作热情降低、学术水平下降等问题。如果不及时提高自己，必然会导致教学水平停滞不前、教学质量下降等后果。因此，必须鼓励团队教师再学习、再教育等。再教育的内容主要包括两个方面：首先是教学能力的提升。高等院校教师普遍是非教育专业毕业，教育教学基本理论学习较少，制约了教师教学能力的提升以及开展教育教学理论研究的能力。教学团队应该鼓励教师参加教育教学基本理论的学习，通过团队带动其他教师加入进来，共同提高教学能力。其次是教师专业学术能力的提升。教师可以通过学位进修、短期培训、学术会议等逐渐提高学术能力，进而提升专业教学能力。

（四）鼓励教师提高实践能力

近年来，社会对人才培养的实践要求越来越高，而大学教师普遍实践能力较差，尤其是从博士研究生到大学教师，存在刚出校门就进校门、基本没有企业实践的经验等问题，因此高等院校教师亟须提高实践能力。实践能力的提升可以通过多种途径，如进企业参观、与企业沟通合作、进企业挂职锻炼等，通过对企业生产工艺技术的深入了解，甚至参与企业生产运行管理，提高自身实践能力。

高等院校教学团队建设的根本目的是提高教学水平，提高教学质量，培养高素质合格人才。教学团队建设对高等院校师资队伍建设以及转变高等院校运行模式都有着积极意义。教学团队应从专业建设、课程体系建设、课程建设、实践教学等方面入手，开展教育教学改革研究，切实提升团队教师的教学能力。高等院校应采取重点培养团队带头人、增强团队凝聚力、鼓励教师再学习再教育、鼓励教师参加企业实践等措施，使教学团队真正发挥提升教学质量的作用。

第五节　供给侧视域下高等院校教学团队建设

供给侧改革是国家在新形势下的新举措。人才供给侧也应大力改革，尤其是高等院校的改革势在必行，最终一定要落实到教师的教育教学活动上，高等院校的教育教学活动是团队教学。然而，现实中高等院校教学团队存在若干问题，解决好这些问题，使教学活动以团队来承担，可以提高教学质量，使高等院校更好地履行社会角色的使命。

一、人才供给侧的界定

在 2015 年 11 月 10 日召开的中央财经领导小组第十一次会议上，习近平总书记提出了"供给侧结构性改革"概念，此后"供给侧改革"成为经济领域热词。

近些年大学生就业问题显现出来，2013 年至 2016 年全国普通高等院校毕业生人数分别为 699 万、727 万、749 万和 765 万，大学生就业形势日渐严峻。"没有最难，只有更难。"究其原因，固然有人才需求侧方面的因素，比如内外经济增速趋缓、企业转型升级、社会对毕业生需求层次越来越高等，但也存在人才供给侧方面的因素，比如毕业生的能力素质与用人单位的要求存在较大差距；毕业生的就业期望值过高。这种大学生结构性就业困难，就是发生在人才供给侧方面的问题。

供给侧改革是适应经济发展需要的必为之举，劳动力要素是供给侧的四大要素之首。过去我们是努力培养人才，培养更多人才，努力让更多企业等用人单位来消费人才，逐渐出现了大量不符合需求的人才。当前，高等院校要努力培养高质量的人才，培养市场需要的人才。而拥有技术、知识、信息和能力是高端劳动力要素的表现，是改革的重点对象。高等院校是人才、技术、知识、信息密集的地方，其教育教学活动直接输出的就是人才，即人才市场供给侧。对高等院校教育改革是解决人才、技术、知识、信息供需等矛盾最直接、最有效的途径。

二、人才供给侧下高等院校团队教学的必要性

高等院校作为人才供给侧，其人员主要由高等院校老师和大学生两大部分所组成。教师的工作就是教育教学，是人才形成的外因，学生的努力是人才形成的内因，外因要通过内因而起作用，内因起决定性作用。所以老师的工作就是竭尽全力帮助学生努力完成学习和训练，提高学生的素质和能力，使学生成为社会所需要的人才。而这一过程的设计和实施，其主导权在教师手中，而学生更多的是被动接受。具体表现在如下方面：

（一）帮助学生认识社会、确定目标、努力学习

接受高等教育的大学生，之前绝大部分是高中毕业生，在现有的整齐划一教学和升学制度下，对自身的认识包括兴趣、爱好、学习优势等，都不是十分清楚，又没有经历过社会的洗礼，对社会的了解几乎是一片空白，更不要说准确地掌握社会对人才的需求，并根据这种需求去调整自身的学习目标和学习内容。加之大学的学习方式方法和中小学的差距太大，刚入高等院校的学生处在一种懵懂状态，对自身的目的和方向并不明确，需要老师及时指导和修正。所以，教师自身必须具备丰富的专业知识，掌握科学动态和人才市场动态，掌握灵活的授业解惑技巧，迅速准确地帮助每一个学生解决它们在理论和实践中遇到的问题，促进其成长。

（二）对需求侧的人才市场具有敏锐的洞察力

这是帮助学生确定学习方向和学习内容的前提条件。为此老师要做到了解社会经济发展状况，对社会的人才需求要拥有敏锐的洞察力。在这方面，教师比学生更具有优势。

拥有上述知识、技能和信息的高等院校教师，所指的不是教师个体，而是教师作为一个整体的团队。就教师个体而言，终其一生都不能达到这样的高度，因为"术业有专攻"。所以在社会飞速发展的今天，老师作为人才供给侧的一部分，必须改变这种现状，以团队合作的形式来完成个体不能完成的任务。由人才需求决定人才供给，这是供给侧改革的核心所在。高等院校人才供给侧改革最终是对人的改革，是靠人来落实的。

三、人才供给侧下高等院校团队教学存在的问题

19世纪末20世纪初，社会心理学正式诞生，心理学家以群体行为作为研究对象，群体行为开始受到重视。群体是团队的最早表现形式。20世纪三四十年代，以库尔特·卢因

为代表的心理学家开始研究团体动力学。"团体"一词开始使用。团体是团队的前身。而团队是管理学界近年来的一个热词,最早由荷兰皇家壳牌石油集团计划协作官阿里·德·赫斯将其定义为:"为完成一项任务而彼此需要的一群人。"但它更为确切的定义是:团队是指一群互助互利、团结一致为同一目标和标准而坚毅奋斗到底的人。团队的核心是合作,既代表整体利益,也代表个人利益。当整体利益与个人利益一致时,团队的绩效远远大于个体绩效的总和。英国心理学家特罗特得出结论:人是不能忍受孤独的,人们必须寻求自己的团队。高等院校教师就是人类社会生产生活中产生的一个大的团队,这个团队中又有许多更为紧密的小团队,其中高等院校教学团队是以专业为基础划分的,以专业教研室为单位,由专业学科教师组成的团队,具有共同教学目标和核心价值观。为达成统一的目标,各学科教师之间需要共同协作、团结一致,所以高等院校教学必须以团队教学的方式才能达到或超出预计的培养人才的效果。

高等院校已经意识到靠个人教学远远满足不了教学要求,也在积极寻求团队教学的方式,但还没有达到真正意义上的团队教学的要求,具体表现在:

(一)历史原因导致高等院校教学团队冲突

有史以来,授业解惑的教师都是独自完成教育任务的。如:古代的伟大教育家孔子,以个人睿智的言行践行教育的真谛,创立了我国不朽的教育思想。现代教育家陶行知身体力行、事必躬亲,为国家的教育事业呕心沥血、鞠躬尽瘁。在这样的历史惯性和思想文化的深刻影响下,教师在潜意识里不自觉地习惯独自完成教学任务,而不是寻求团队合作。这种惯性思维和文化影响是根深蒂固的,只能循序渐进地改变。

(二)对教学团队的认识简单化

一般认为,一群教师就是一个团队。靠高等院校行政力量,将一些教师放在一起,成立一个学院、一个系、一个教研室、一个课程组,对应的就是一个规模不同的教学团队,这样的理解是片面的。这样形成的团队,没有得到教师主观上的认可和接受,不具有团队基本的自愿合作特点,这样的团队是没有实质性合作的虚假团队。单位领导自身有较重的教学科研任务,往往以任务为导向,在团队深入真实的交流中较少投入精力,不重视合作文化的培养,造成教师之间缺乏交流分享、平等参与 '共同讨论问题等活动,表现在教师群体中方式是"上下左右"合作意识淡薄。

（三）高等院校教师的工作性质导致教学团队冲突

高等院校教师工作是极具有挑战性和创造性的，它是科技前沿的代表，反映社会的最新动态，是接受新科学、新思想最活跃的领域。这个领域可以做到各抒己见、百花齐放、百家争鸣，所以高等院校教师的工作是极具有个性和独立性。

（四）高等院校教师的评价制度导致教学团队冲突

目前高等院校对教师的评价体系是绩效评价，是针对个人的评价，基本上没有或者极少对团队进行评价；对教师个体的评价非常全面，既有教学方面的，但更侧重于科研方面的，只有"全能型"样样都行的教师，才能适应这种要求。在绩效考核中，教师划分的种类少，且每类人员的考核指标基本一致，只是要求程度高低的差异，教师完全没必要搞团队教学。他们只要按考核标准做好自己的事情，出现了"争课时、争项目、争绩效、争收入"的现象，加剧了教师个体。他们甚至小群体之间的竞争与冲突。在争的过程中，普通教师与有职位的教师之间也在"争"这些东西，使干群关系趋于紧张挫伤了教师团队和学校行政团队等的积极性。对高等院校教师评价往往侧重于科研成果多少，并以此作为教师晋升职称的条件，而职称的高低直接影响着个人的收入水平、生活质量和社会地位。在这种现实情况下，高等院校教师就不会将工作重点放在教学上，而是放在科研上，无论自身的优势能力在哪一方面，都形成了轻教学重科研的局面。在绩效工作方案制定时，实施细则是由各高等院校自行制定的，各类人员在其中话语权存在差异，导致方案强化了按资排辈、唯学历职称等传统收入分配弊病。

凡此种种，都增加了教师个体的独立性，增加了教师之间的竞争与冲突，减少了个体间的团结与协作。从教师个人利益的角度出发，他们是以个人价值最大化为目标，很少也很难以全局观去考虑教学问题，这就形成了各自为政的教学局面，对团队合作教学产生极为不利的影响。

（五）高等院校教师面临的压力导致教学团队冲突

现代社会经济发展迅速，而围绕经济发展这个中心各行各业都在飞速发展，同时也面临着巨大的竞争和挑战，教育也不例外。目前高等院校教师岗位竞争加剧，打破"铁饭碗"，陆续引入竞争机制，逐渐实行岗位聘任制和合同制，增加教师的危机意识和拼搏意识，降低岗位的稳定性，教师岗位变得要求高、难度大、压力大，岗位之间的待遇差距大。在这样的社会现实下，高等院校教师形成竞争大、合作小、急功近利等工作态度和工作作风是不可避免的。

（六）"搭便车"现象

在一个优良的教学团队中，教师能得到的好处是明显的。比如，团队以平等互动交流为基础，尊重教师个人的经验和智慧，重视教师的个人专业发展，对个人的要求都会有积极的回应，通过同伴支持和互相讨论学习，有利于教师个体提高自身的教学知识与技能，也有利于教学团队的教学实践改进和教学质量水平的提高。

然而，高等院校教师在教学团队建设中缺乏主动性。首先，学校考核是针对个人的，这样的工作不在他们的职责范围内，也没有掌握相应的资源。其次，有的教师认为，在一个好的教学团队内，可以坐享其成；在一个差的团队中，互不干扰，也是一个不错的选择。

四、解决人才供给侧下高等院校团队教学问题的措施

（一）建立恰当的团队教学意识

教学团队间可以增加竞争性，但教学团队内部要降低竞争，减少争斗，才能增加合作，引导教学团队成员关系趋向于和缓，才能进一步趋向于自愿合作。教学团队的合作具有主体的自主性和平等性，团队内要形成开放、自然、主动的合作文化。高等院校在制定规章制度时，注意引导团队教学的建设，增加外部的约束，使团队合作规范化，按规则办事，协调团队合作中的冲突和矛盾，促进教师"愿意"合作，真正实现合作。学习国外先进的教育理论和经验，吸收我国历史文化中的优秀教育遗产，做到洋为中用，古为今用。

（二）培养适当的团队教学精神

团队精神表现为团队成员之间相互理解、相互信任、相互支持并相互协作，其核心是具有相同的目标和价值观。所以团队不要求成员千篇一律，牺牲个性，而是发挥特长，挥洒个性，各司其职，取长补短，共同完成个体不可能完成的目标。

我国高等院校对大学生进行就业指导时，有个人职业生涯规划的内容，甚至有"大学生个人职业生涯规划"等比赛，奇怪的是高等院校教师中很少开展这项工作。高等院校中也应积极开展这项工作，将教师个人职业生涯规划与高等院校发展结合起来，通过团队建设激发教师的合作意识和专业发展，提高教师的专业知识和工作能力，提高教师的个人价

值，是教师个人发展的恰当途径，能够促进形成教师个人、教学团队和高等院校"合作共赢"的局面。

（三）采取合适的激励机制

心理学家科弗等人的研究表明，金钱具有诱惑力，金钱诱惑是一种习得内驱力，金钱是一种强化物具有鼓励作用。赫克等人研究表明，金钱能交换广泛的货物、服务和特权，这一事实赋予金钱高度的呼唤值。人们处于低呼唤值时引入金钱这一强化物往往促进人的适当行为；人们已达到较高的呼唤水平时，引入金钱这一奖励，反而具有分心作用或干扰效应。20世纪三四十年代，梅奥等人对工厂团队的实验研究表明，在没有任何物质奖励的情况下，给予比较高的关注，人们会自觉地发挥最大的潜力。对高等院校教师应该物质和精神奖励并重，既有保证高质量生活条件的物质基础，又有良好的教学气氛和学术环境，让教师身心愉悦，精神豁达，这样才能潜移默化影响学生，成为学生的良师益友。

改变对团队领导的考核，侧重于与团队目标的一致，引导他们为团队争项目、争课时、争绩效等，不要在团队内为自己争绩效。他们的绩效包括两部分，一部分是团队内的个人平均绩效，另一部分是团队的集体绩效。而前一部分所占比例要小，且要低于平均水平；后一部分所占比重要大。对团队领导的评议要民主，由团队成员来进行，重点是其在团队建设方面的以身作则，因为教师的感受更准确更直接，以此防止团队领导工作方式的简单粗暴，造成团队合作的假象，使团队教学流于形式。

（四）减少团队成员间的竞争

提升团队整体竞争力，这是团队建设的目标。通过"鲶鱼效应"可以提高团队的活力，但团队内的竞争会加剧，冲突不断，不利于团队的持续合作；也可以通过更深层次的分工，提高专业化水平，提高工作效率，再通过对应的协作，实现团队绩效的提高。可以说，没有分工，就不需要协作；没有更细的分工，就不需更深的协作。

大学生的培养教育成长，是一个复杂的系统工程，涉及人才需求侧和人才供给侧的问题，面临人才的竞争，对高等院校的要求是"只有更高，没有最高"。这些工作任务如果不经过分工，一个教师不可能应付得了，不可能做得很专业，也不可能面面俱到；不经过更细致的分工和更紧密的合作，也不可能完善提高。因此，对教师的工作要进行细致定位，并按此进行分工，让教师成为单项专才较容易，让教师成为"全能型"的全才，其难度要高得多。比如，擅长教学的专门搞教学，擅长科研的专门搞科研，在高等院校教师中实行更深更细的专业化分工。与此同时，团队协作就是题中之义。通过团队合作，每个成员都能做到优势互补，帮助个体扬长避短，集思广益，解决面临的复杂性教学问题。人才供给侧改革涉及高等院校的外部环境问题，对高等院校教师又是相对陌生的事物，这就需要学校其他团队的帮助和支援，提供信息和资源的共享，这是学校层面的团队间更广泛合作。

（五）双管齐下，推动教学团队建设

在目前的高等院校管理体制下，教学团队的组建很难由教师个人自愿决定，个人的选择权较小。因此，利用外力推动促进教师合作是现实的选择。从团队管理角度看，自愿性的合作不够稳定，一旦教师积极性下降、时间紧迫、出现冲突矛盾等问题时，很容易就会终止合作。外力促成的人为合作有学校的制度维护（制度规则），比较稳定，并且能够持续发展，其成败取决于这一制度规则的有效性。这对高等院校的民主法制化又有了更高的要求。这种团队教学只是迫于外在压力进行的，往往形式大于内容。总之，教学团队的组建和运行，形式可以灵活多样，但要落实在教师自愿上，要落实在教师专业发展的共性上，要能发挥出教师的能动性和主动性，教师要有职业尊严和成就感，在团队中获得归属感和安全感，认可外力促成的人为合作，最终实现由合作文化推动的自愿合作。

（六）利益驱动，持续合作

通过教学团队合作和教师个人努力，要让教师切实感受到个人在教学和科研方面全面提升，而这一提升是教师离开团队无法实现的。而教师从合作中得到的切实利益大于"单干"，就会促使他们从被动走向主动，更加积极地投入团队合作。教师在教学团队中关系平等，彼此信赖，相互尊重，团队人际关系和谐，个人对团队有认同感和归属感，通过合作完成任务，体会到成就感，由此会强化教师主动合作的积极性，最终实现从人为合作到自然合作的过渡。

总之，社会经济的发展推动着高等院校的变革，高等院校要提高对人才供给侧改革的认识，要群策群力，发扬团结协作的精神，通过教学教育活动，提高大学生的知识和专业工作能力，提高人才的供给质量，更好满足社会对人才的需求，履行好高等院校社会角色的使命。

第六节　高等院校教学团队创造力形成的影响因素

在"质量工程"背景下，高等院校教学团队创造力的形成是在物理—事理—人理（WSR）理论的指导下，有机地协调物、事、人之间的关系，充分发挥系统各要素的作用，进而达到理想的目标。笔者下面运用 WSR 系统方法论原理，构建高等院校教学团队创造力形成的 WSR 三维分析模型，并从物理—事理—人理的维度分析其影响因素。

2007 年，教育部提出"质量工程"的六大举措，其中之一就是"教学团队和高水平教师队伍的建设"。而教学团队建设又是重中之重，是推动高等院校教学改革与教育创新，提高教育教学质量的一种重要组织形式，各高等院校纷纷采取措施强化内部改革以加强教学团队建设。通过调研可知，组成教学团队的教师个体大都具备较强的个体创造力，可形成团队时所产生的教学成果质量不高，团队创造力没有出现"1+1 > 2"的现象，严重影响了教师个体素质的提高，制约了高等院校教学团队的进一步发展。

我们应该看到，高等院校教学团队创造力系统是一个由多维度、多要素组成的复杂巨系统，其开发过程也是一项典型的复杂系统工程。本节应用物理—事理—人理理论构建高等院校教学团队创造力形成的三维分析模型，并从物理—事理—人理的维度重点分析高等院校教学团队创造力形成的影响因素，旨在为高等院校相关管理部门和高等院校教学团队成员提供借鉴和思考。

一、WSR 系统方法论概述

我国学者顾基发教授和朱志昌博士于 1994 年在英国赫尔大学共同提出物理—事理—人理系统方法论。这一理论认为，在解决复杂性问题时，既应考虑研究对象物的客观性，即物理层面；又要考虑如何更好地使用这些物的方面，即事理层面；还要考虑作为主体或客体的人始终贯穿于处理问题的实践之中，即人理层面。此外，在分析问题时要做到知物理、明事理、通人理，全面考虑系统的物理—事理—人理三个维度的影响因素以及它们之间的相互关系。

在 WSR 系统方法论中，"物理"指物质运动的机理，通常要用自然科学知识来主要回答"物"是什么，研究客观实在，需要的是真实性；"事理"指做事的道理，主要解决如何安排所有的设备、资料和人员，通常利用运筹学与管理科学方面的知识来回答"怎么去做"；"人理"指做人的道理，通常利用人文与社会科学的知识去回答"应当怎样做"和"最好怎么做"的问题，实际中处理任何"事"和"物"都离不开人，人来判断这些事和物是否应用得当，所以系统实践必须充分考虑人的因素。

二、WSR 应用于高等院校教学团队创造力形成研究的可行性分析

（一）高等院校教学团队创造力的内涵及构成

王磊指出高等院校教学团队创造力是指为实现教学改革、提高教学质量和教学研究水平，在团队负责人的组织协调下，利用团队合理的人才结构、知识结构和组织结构，在团队成员合作完成教学改革任务的过程中整合团队成员的个体创造力和个体教学改革行为，从而使团队具有的创造性思维、从事创造性的教学改革活动和产生创造性教学改革成果的复合能力。

高等院校教学团队创造力系统由教学改革创造主体、教学改革创造过程和教学改革创造成果三部分组成。其中，教学改革创造主体的构成要素包括团队教学知识资源和教学领域技能、团队合作教学改革的动机、团队思维风格、团队人格特质；教学改革创造过程包括创造性思维的过程和创造性教学改革活动的过程；教学改革创造成果包括教学改革的显性成果和教学改革的隐性成果。这三个子系统不是孤立存在的，而是通过外部环境彼此相互影响相互作用的；这三个子系统相辅相成，缺一不可，共同反映出高等院校教学团队的创造力。

（二）应用 WSR 理论的可行性分析

通过上述分析可知，高等院校教学团队创造力系统具有三个特点。

第一，高等院校教学团队创造力系统是一个多维度、多层次结构和多功能目标的复杂巨系统。高等院校教学团队创造力系统由三个子系统构成，每个子系统包括不同的构成要素，每个子系统又可以划分为不同层次。教学改革创造主体包括教学名师、教学骨干、青年教师等三类教师群体。教学改革创造过程既包括宏观过程，也包括微观过程。其中，宏观过程基于生命周期视角，包括高等院校教学团队创造力形成的起步期、成长期、成熟期和衰退期；微观过程基于问题解决视角，包括预备阶段、准备阶段、孕育阶段、明朗阶段和验证阶段。教学改革创造成果包括国家级、省部级、厅局级、校级等四个层次。每个构

成要素在不同的层次结构中，对高等院校教学团队创造力的形成具有不同的功能。例如，教学名师的人格特质对教学团队创造力的形成主要起到榜样和引领作用，教学骨干的人格特质对高等院校教学团队创造力的形成主要起到推动和塑造作用，青年教师的人格特征对高等院校教学团队创造力的形成主要起到执行和实现的作用。

第二，高等院校教学团队创造力子系统与子系统间呈高度非线性的复杂关系。高等院校教学团队创造力子系统内部各要素以及各子系统之间都存在着交互作用，彼此相互影响、相互作用。例如，高等院校教学团队创造主体的差异决定团队教学改革过程的不同，两者之间彼此相互作用又决定教学改革创造成果的差异。反过来，高等院校教学团队创造力系统通过外界环境对团队教学改革创造成果的评价和感知来促进教学改革创造主体和教学改革创造过程的相互作用，并促使高等院校教学团队实现与外部动态环境的协调发展。

第三，高等院校教学团队创造力系统是一个不断运动变化的动态系统。高等院校教学团队创造力系统在形成过程中，具有很强的不确定性和模糊性，其形成路径呈现螺旋式上升状态，尤其是随着我国高等教育教学改革的深入，教育部"质量工程"项目建设的不断推进，为高等院校教学团队的发展提供了新的机遇与挑战，客观上要求高教教学团队的发展建设要适应学科专业和教学内容的变化。因此，高等院校科研团队创造力系统必须不断地动态变化以适应现代教育教学的要求。

总之，高等院校教学团队创造力系统是一个具有复杂结构的系统，它的形成与提升是一个不断衰退、不断更新与不断生长的过程。这一特征是由高等院校教学团队所处的时代特征以及组成高等院校教学团队创造力的要素特征所决定的，决定了对高等院校教学团队创造力的形成研究需要一种全面与系统的开发工程形式。从这一点看，物理—事理—人理系统方法论同样可以应用于高等院校教学团队创造力的形成研究。本节在系统工程综合集成思想之下，运用 WSR 方法，从物理、事理、人理等三个角度对高等院校教学团队创造力的形成进行研究。

三、高等院校教学团队创造力形成的 WSR 三维分析模型

高等院校教学团队创造力的形成是一个由人参与的复杂过程。在整个过程中，物、事和人相互影响、相互作用。因此，片面强调任何一个方面都将影响团队创造力的形成，甚至会导致整个教学创造活动的失败。高等院校教学团队创造力的形成是在物理—事理—人

理理论的指导下，有机地协调物、事和人之间的关系，充分发挥系统各要素的作用，进而达到理想的目标。

如果把教师个体创造力、教学资源、教学设备等看成高等院校教学团队创造力形成的物理基础，那么如何把教学团队创造力形成的目标实现，有效地整合团队中教师个体创造力、教学资源和教学设备，发挥出更大的知识协同效应和组合优势，实现团队创造力的整体喷涌，从而进一步提高高等院校教学团队的竞争力，这就是事理。高等院校教学团队创造力形成的事理因素包括教学计划制订、教学实施、教学管理、教学研究、教学团队管理等。人理方面主要考虑如何协调高等院校教学团队创造力系统中的各种人际关系和利益关系以及人机关系。在研究高等院校教学团队创造力的形成过程中，既要考虑物理、事理，还要考虑人理的因素，同时突出强调人理是以物理和事理为基础的。

四、基于 WSR 的高等院校教学团队创造力形成的影响因素分析

（一）基于物理维度的影响因素分析

1. 团队异质性

团队异质性反映了团队成员在种族、年龄、性别、价值观、经验、教育背景、工作经历等方面的差异。其中，种族、年龄、性别等个体自然属性被称为一般异质性，经验、教育背景、工作经历等反映个体知识结构的属性被称为专长异质性。团队异质性对教学团队创造力的形成既有积极影响，也有消极影响。积极影响表现为异质性高的团队知识创造能力更强，个体属性和知识结构方面的差异能够激发更多观点，产生更多创意；消极影响表现为团队成员之间的合作比较困难，团队进行知识整合较为困难，而且工作满意度降低，离职率升高。总的来说，团队异质性可以有效促进团队创新能力和生产率提高，但前提是团队异质性能得到有效整合利用，信息交流和处理也充分恰当。

2. 团队任务

团队任务特征是影响高等院校教学团队创造力形成的主要影响因素。其中，团队任务特征分为任务的复杂性和任务的自主性。当高等院校教学团队面临复杂教学改革任务时，团队成员会主动寻求和其他成员合作，通过向团队成员的学习、交流和请教，将团队其他成员的隐性知识转化为可以利用的显性知识，或者作为隐性知识保留下来，从而达到解决复杂教学改革任务的目的。当高等院校教学团队成员所承担的教学改革任务具有自主决策

权时，成员个体就不会拘泥于团队规定的工作时间、工作进度、工作方法等，而是可以灵活地进行自主安排，自由发挥的空间较大，有利于激发高等院校教学团队成员工作的积极主动性。

（二）基于事理维度的影响因素分析

1. 合作动机

创造动机是激发个体进行创造性活动，维持已引起的创造活动，并促使该活动朝向一定目标的内部心理倾向或内部动力。高等院校教学团队教学改革创造行为在很大程度上是由团队合作动机所推动的。因此，合作动机是影响高等院校教学团队创造力形成的重要因素。

合作动机根据动机的来源，可以分为内部合作动机和外部合作动机。内部合作动机是团队为了寻求挑战和乐趣，满足好奇心而参与活动的倾向。它是指由团队内在需要而引起的动机。外部合作动机是团队为了活动本身之外的其他因素，而参与活动的倾向。它是团队在外界的要求与外力的作用下所产生的行为动机。高等院校教学团队为了满足提高教学质量和人才培养质量的内在需求，愿意付出更多的努力，并从中体验快乐。当一些有关教学改革的难题被解决的时候，会获得成就感，尤其是当其所从事的教学改革活动的挑战性与团队自身的技能水平相匹配时，能够达到高度内部驱动的状态，教学改革创造行为会在这种状态下频繁发生。因此，通常认为，内部合作动机对创造力有着积极影响。外部动机对团队创造力既有积极作用，也有消极作用。积极作用表现为任何外界的要求、力量等可以转化为，人的内在需要。成为高等院校教学团队从事教学活动的推动力量。例如，行为矫正学派认为，外部动机对算法式任务情景下的创造性思维具有积极的影响，消极作用表现为过强的外部动机会导致人们把注意力从手头的任务分散到外部目标上，从而降低人们对任务聚精会神的程度。将内部动机和外部动机恰当结合，会促进高等院校教学团队创造力的形成。

2. 组织支持

组织支持是指组织对员工提供的一系列关心、认可、鼓励和帮助，促进员工在工作、生活、进步、情感等方面的需要得到满足的行为与举措。在高等院校教学团队中，组织支持表现为对高等院校教学团队成员努力进行教学改革工作的奖励认可和及时有效的回报，对高等院校教学团队成员的主动关系，帮助其实现个人发展，提供资讯、设备、培训等保障工作开展的基本支持等。

组织支持被划分为工作支持、认同价值和关心利益三个维度，分别是指员工所感受到的组织对其工作的支持、价值的认同和利益的关心。其中，工作支持指教学团队让其成员担当最适合的工作。教学团队成员遇到教学改革方面的问题时给予适时的帮助，时刻关注教改工作过程中取得杰出业绩的成员，让每位教学团队成员充分发挥自身的创造潜能。认同价值指教学团队看重员工的工作价值和目标，对团队成员留在教学团队的价值认同，为教学团队成员所取得的成就感到骄傲。关心利益指教学团队关心成员的利益，包括薪酬和生活状况，为成员生活和工作中出现的问题提供各种帮助。通过以上各种类型的组织支持，会给教学团队成员的教学改革创造行为带来正面积极的影响，有利于各项教学改革成果的不断涌现，从而提高教学团队的整体创造力。

（三）基于人理维度的影响因素分析

1. 团队冲突

团队冲突是团队成员互动的结果，是团队发展过程的重要变量。团队冲突是指团队成员不一致，如目标不一致、对事实的解释不一致、对行为后果的期望不一致等，从而产生的争执、摩擦、沮丧情绪等。团队冲突一般将其分为关系冲突和任务冲突。关系冲突会大大降低团队创造力。高等院校教学团队成员感到与其他成员间关系不协调时，其认知思维中的信息加工和处理能力就会受到一定的阻碍，并且忽略很多重要的细节或资讯。此外，信息处理时小心谨慎、认知负荷中的增重会阻碍思维的创造性和灵活性。任务冲突能够使高等院校教学团队成员更仔细明确地考虑问题，从而更全面性地思考团队现状，孕育更多新知识，形成解决问题的新视角。尤其是团队冲突建立在建设性争论的基础上时，会大大增加团队成员在认知上的好奇心，促使团队成员去探索矛盾所指的方向，诚恳地探讨理解产生分歧和差异的地方，从而将这些意见形成高质量决策。

2. 团队沟通

团队沟通指的是员工对个体与团队领导、个体与团队成员、成员与成员之间分享信息、思想和情感的一种整体性感知，以实现团队间专业知识和信息有效创新整合。团队沟通被划分为沟通频率、反馈效果和学习程度三个维度。高等院校教学团队成员之间沟通的频率越高，知识流动与更新的速度越快，团队的协作能力就越强，从而使团队创造力不断地形成和提升。反馈是对所获取的信息和知识做出反应。通过反馈，高等院校教学团队可以了解成员之间的沟通效果，促进团队成员共同解决问题，提高团队合作教学改革的效率。学习程度指的是团队在不断成长的过程中，面临复杂的问题，团队成员需要不断丰富自己的知识，扩大知识面，使团队成为学习型团队。团队学习程度越高，所拥有的团队教学知识资源和教学领域技能就越丰富越有利于取得创造性教学改革成果。

高等院校教学团队创造力系统是一个典型的复杂系统，引入 WSR 系统方法论对其进行分析，可以为高等院校教学团队创造力的形成与提升，提供具有可操作性的对策思路，同时拓宽 WSR 系统方法论的应用领域。

第二章　高等院校教学创新团队建设的理论

第一节　基于学习型理论的高等院校教学团队创建

随着社会的不断发展，人们对高等教育的办学要求也越来越高，尤其是现阶段互联网技术的革新与跨文化交流的日益频繁，使得高等院校之间的竞争也更趋激烈。作为教育工作者，高等院校教师应秉承终身学习的教育理念，协调好自身学习和团队学习的关系，组建高水平的跨文化师资队伍，提高教学和人才培养的质量。

一、学习型教学团队的研究背景

（一）学习型理论的由来

学习型理论是指导团队学习和团队建设的重要理论。哈佛大学教授福瑞思特首次于 1965 年提出学习型理论。这是一种现代学习心理学及企业管理组织模式的重要法则。1990 年，美国麻省理工学院教授彼得·圣吉在此基础上对学习型理论进行了系统化研究，得出"五项修炼"的学习型组织，即自我超越、改善心智模式、建立共同愿景、团队学习和系统思考。在具有高教性和行业性的高等教育事业中，学习型理论同样是创建高等院校教学团队和师资队伍质量的重要保障。对高等院校教师来说，只有进行不断学习研究，提升教学技能，发展研究成果，才能有效推动各项教学工作顺利进行。同时，高等院校的教学质量也要具备自我管理和学习能力的教学团队来维护和完善，并不断深化和拓展。

（二）创建学习型教学团队的必要性

当今高等院校的教学组织形式呈现出多样化特点，其中教学团队是适应形势发展需要形成的一种重要模式，在高等教育教学改革和发展过程中发挥着越来越重要的作用。教学团队的建设既要满足团队成员的个体需要，也要提升整体的教学能力和科研能力。

但是，由于长期的教育管理结构不完善，高等院校创建学习型教学团队面临着很多困难。第一，在团队学习过程中，学习体系不明确。每个团队成员需改变自身的态度、信念、思想和工作目标，以适应创新的制度化学习目标。第二，团队学习层次单一。长期以来，高等院校教师一直秉承"单打独斗"的教学传统，虽然具备一定的教学技能，但是在团队工作中对其他成员的工作内容和方法缺乏足够认识，使知识和技能的传播性和流动性较差。第三，教学团队保障性和激励性机制不完善。创建学习型教学团队是一项长期的系统工程。在此过程中，要加强鼓励创新的信念支撑，引导各团队成员间的彼此信任和荣誉感，帮助他们克服工作中面临的各项挑战，自觉为学习型教学团队服务，促进团队建设良性发展。

二、学习型教学团队的特征

在高等院校发展战略思想的指导下，很多高等院校现将提高教学质量作为学校发展的重要目标，并关注教学团队的建设。教学团队建设是高等教育的一个重要项目，也是高等院校课程建设和专业建设的一个重要组成部分，在很大程度上开发教学资源，培养创新人才，提高教师队伍的整体教学水平，提高高等教育事业的可持续性发展。

（一）明确的团队教学目标

教学团队成员为了共同的愿景，在一定时期内创建教学体系，有着共同的教学理念和教学目标，着眼于优化人才培养的教学模式和教学方法，具有很强的目的性和计划性，倡导改变传统的教学目标，衡量团队成员的教学绩效，从整体上提高教学质量。

（二）优质的团队精神

教学团队一般是由有着共同事业追求和目标的教师群体组成的，具有较强的教学和科研能力，强调优化组合，积极探索，勇于创新，反映出一个团队的创造力和凝聚力，促使各教师成员之间有效发挥及互补才能，为实现共同教学目标奋进。优质团队精神可以激励各团队成员相互信任，乐意看到每位老师的进步和成就，更好为教学团队添砖加瓦。

（三）合理的教学管理体系

高等院校教学团队的正常发挥依赖于合理的教学管理体系。为了充分发挥教学团队的作用，实现真正意义上的团队合作，高等院校教学管理部门应制定适合教学团队独立运作的管理体制，主动配置团队人员和优化资源，提高团队服务意识，创建良好的教学管理体系，为教学团队的构建和发展提供有力保障，促进实现高水平的教学成果。

三、学习型教学团队建设的主要方法

高等院校教师作为高等院校教育事业发展的中坚力量，应注重自身的专业自主发展，以提高教学质量、推动教学改革、提升教师能力等为根本目的，以教学团队为发展路径，有着共同的教学目标，努力为社会培养更多复合型人才。

（一）提高教学团队成员专业自主发展的意识

教育是一个崇高的事业，需要理想和信念支持。高等院校教师具有群体性特点，特别是青年教师，缺乏专业教学指导，专业发展目标比较模糊，进取心不足，忽视教学方法及自我专业知识有效整合。因此，在教学活动中，高等院校教师应注重自身专业自主发展水平，有较高的自我认知能力，激励教育与学术研究的积极性，明确自己的专业发展方向和目标，科学制定自我发展规划，积极寻求专业发展的路径，形成强烈的教育责任感及归属感，激发专业发展能力，成为教学团队的中坚力量。

（二）加强教学团队和科研团队统一建设

教学和科研密不可分，相辅相成，是高等院校生存和发展不可分割的两部分。首先，为提高教学和人才培养质量，应在高等院校教学活动中积极组建教学团队，并与科研团队有效结合，形成统一的有机组合，使一批具有丰富教学经验和研究能力的教师有机融合各专业领域及学科长项，通过沟通和观摩，分享知识和经验，开阔教学团队成员的视野，丰富知识储备，以学促研，以研促教，促进个体成员的专业发展，提升教学质量。其次，科研成果可以促进教学学科建设，为高等院校课程教学提供长期高效的知识来源，在一定程度上有利于教学方法的创新，改革传统的教学手段，拓宽研究视野，使教学团队和科研团队共同提高高等院校教学和科研质量。

（三）创新教学团队文化，增强团队凝聚力

共同愿景是"五项修炼"中的重要组成部分，不仅是教学团队整体发展的方向和指引，也是团队凝聚力的组织和规划。因此，高等院校教学团队的建设要注意从多个层面考虑，不仅要注重教学及科研团队的整合，而且能够培养一批团队精神的中青年骨干教师。教学

团队的文化建设是整个高等院校文化体系和教学团队自身的重要组成部分，特别是学习型教学团队，更应注重团队文化建设，这不仅有利于教学团队内部的整合，加强教师成员之间的凝聚力，而且有利于整个文化体系的创新和完善，使团队文化能够深深地扎根于学习型教学团队，为每一个团队成员的自我专业发展提供强有力的保障。与此同时，在保障各位团队成员个人愿景完成后，鼓励教师实现团队的共同愿景，以共同的目标为导向，增强团队凝聚力和向心力，以此保障教学团队自身的建设和不断进步。

（四）培养具有"工匠精神"的教学团队

"工匠精神"指工匠对自己的产品精雕细琢、精益求精的工作理念，是工匠不断雕琢产品，不断改善工艺，使产品不断升华的过程。工匠精神发展至今，是精益求精精神的传承和发扬，同时需具备时代发展所要求的创新和坚持不懈的精神。在新时期的高等教育事业中，高等院校教师也需要这种锲而不舍的职业态度和优秀品质。有这种工匠精神，才能成为高素质的教育工作者。高等院校教师要兢兢业业，拥有高度的人文修养和严谨的科研精神，保持一颗纯粹的教育心，时刻提醒自己为人师表，对教育工作始终充满热情，不断提升师德修养。此外，他们对科研工作也同样抱着工匠精神的心态，孜孜不倦地追求先进的科学技术和理论知识，把科学研究成果运用于教学过程，精益求精，努力克服教学过程中碰到的各种问题，始终具有终身学习的理念，具备创新能力，紧跟时代和社会发展的步伐，掌握更新的互联网技术，帮助学生多渠道掌握最新的信息和知识，有针对性地培养更多优质人才。

（五）完善教学团队制度建设

教学团队作为一个群体组织，个体成员之间具有相对独立性，也具有较强的团体目标性。为保障教学团队的整体作用，就要求教学团队自身具备较为规范的管理制度体系、评价考核体系等，既要评价教学团队的整体工作水平，又要考虑团队成员的个性化特点和自身的发展需求，鼓励团队成员不断完善自主专业结构和素质，加强自我管理和团队管理。同时，高等院校在教学团队建设中应出台相应的保障机制和制度，促使各教学团队在建设发展过程中制定符合自身要求的管理制度和规范，完善人才选拔及激励制度，对具备团队精神高效合作的教师给予支持与鼓励，不论物质激励，还是精神表彰等，采取多元化激励方式，使他们能安心地从事教育工作，以此保障教学团队健康运行。

四、创建学习型教学团队的意义

2007年，教育部在《关于实施高等学校本科教学质量与教学改革工程的意见》中指出，教学团队的建设，是为共同的教学目标和建设目标，由教学任务相近的教师组成，知识结构合理，年龄结构适当，有着高效的沟通机制和合作机制，合理配置教学资源，优势互补，为教学团队的共同发展携手前进。教师是教学活动的主体，建设教学团队，有利于造就教学水平高、具有崇高师德等的师资队伍，促进整体教学水平的提升。

（一）促进高等院校教师的专业发展

除了学科专业知识和专业领域的研究，高等院校教师的知识结构还包括教学内容和教学手段，以及与教学相关的社会文化知识等。建设学习型教学团队，可以促进各团队成员间的资源共享，通过开展教学观摩、教学研讨会等形式，提高整体知识传递，促进知识结构的专业发展。除此以外，高等院校科研团队的建设也可以根据高等院校的科研改革方向，进行跨学科的教学改革尝试，发挥集体协作的优势，多学科组建团队，提升教学水平。

（二）有利于教学资源的整合

高等院校教学过程中，常见的教学资源有教材、影视资料、图片、课件等，为教学有效开展提供各种可利用的条件，提高教学效率。但是，教师在实际教学过程中缺乏充分的合作与交流，很多有效资源并没有得到最大限度地有效共享及利用。通过学习型教学团队，各教师团队成员之间就可以构建一种互相信任的凝聚力，整合各种教学资源，推动教学方法的改革和创新，最终形成教学资源的整体优化，提升各团队成员的教学实力，共同进步。

（三）提高青年教师的教学水平

学习型教学团队的带头人，直接决定教学团队的水平。他们要具有较高的学术造诣和丰富的教学实践经验，帮助团队成员教师有效完成教学和改革任务。但是，一定程度上，高等院校的教学工作多半是由中青年教师完成的。因此，教学团队的带头人在团队组建过程中，可以发现青年教师在教学过程中存在的问题，通过团队精神和文化建设带动他们的学习主动性，亲身参与创新教育理念，弥补教学工作的不足之处，积极探索教学内容和方法改革，以提升自己的教学能力。

通过学习型教学团队的组织，可以有效整合教学资源，提升教学团队的凝聚力，鼓励和引导教师突破教学改革与研究，提倡团队合作精神，精益求精，使高等院校教师的自主专业发展与教学质量的提高实现共性成长。

第二节 基于分形理论的高等院校教学团队建设

在教学团队建设中，民办高等院校由于各类优质教学资源相对有限，教学团队凝聚力难以形成。基于分形理论，民办高等院校教学团队具有自相似性、自组织性、自生长性等特点。根据以上特点，民办高等院校教学团队管理可通过以下三方面做出改进：第一，尊重团队的自相似性，鼓励团队个性的发展。第二，发挥团队的自组织性，推动教学团队的自我完善；第三，利用团队的自生长性，合理规划教学团队的发展。通过以上改进措施，有效地推动教学团队的健康发展，充分发挥其在提升教育教学质量中的作用。

2007 年，教育部、财政部联合发布《关于实施高等学校本科教学质量与教学改革工程的意见》，教学团队建设作为"质量工程"建设的重要内容之一，受到各高等院校的重视。教学团队作为基层教学组织的重要形式，在弥补传统教研室等教学管理的不足、促进教师成长、提升整体教育教学的作用等方面，也逐步得到公众认可。但高等院校教学团队的建设并非一帆风顺。在很多高等院校中，尤其是民办高等院校，各类优质教学资源相对有限，教学团队凝聚力难以形成。因此，如何有效推动教学团队健康发展，充分发挥其在提升教育教学质量中的作用，还需要进一步探讨。

一、分形理论与教学团队概述

分形是美籍数学家曼德布罗特（B. B. Mandelbrot）首先提出的。他认为：分形是部分与整体以某种方式相似的形体，构成分形整体的相对独立的部分就是分形元。分形元是构成分形体系的基本单位，通过某种链接，形成分形整体。在物理学中，学者在研究物质相变过程中发现，物质中每一个吸引子就是分形元。这是一个开放系统，会与周围物质相互作用，产生自组织。物质在从有序态向另一个有序态转化中就出现了分形结构，也就是说分形结构是变化的桥梁，有利于促进自组织的实现。分形结构存在于一个动态变化的系统之中，它自身能够进行动态的变化，适应动态环境。这说明分形结构具有自相似、自组织和动态变换的特点。分形理论将该发现与生命规律的现象结合，得出分形组织的三大规律：自相似性、自组织性和自生长性。社会学研究者将分形理论运用到社会组织当中。他们认为，可以以分形组织的部分（分形元）和整体（分形组织）之间的自相似性为基础，通过认识部分来反映和认识整体，以及通过认识整体来把握和深化对部分的认识；运用分形理论的思想和分形的规律，可以从无序中发现有序，揭示杂乱、破碎、混沌等极不规则的复杂现象内部所蕴含的规律。

教学团队是为实现教学目标，由不同学历、不同年龄、不同职称等的高等院校教师通过正式或非正式合作交流建立起来的各种关系的总和，其本质是提高教学资源的有效配置、促进教学提升的一种非正式组织形成。目前高等院校教学团队可以分为三类：第一类是为"教学团队"的教学团队，即在本科质量工程的号召下，为申请"教学团队"而组建的教学团队。这类团队目标的就是申请"教学团队"，动力就是"教学团队"项目所带来的各种利益。成功立项后，团队根据教学团队的检查要求，进行团队建设。第二类是为"项目"的教学团队，即为完成教学项目而形成的教学团队。这类团队的目标就是项目的完成，动力就是项目所产生的利益。项目完成后，教学团队也即解散。第三类是为"发展"的教学团队，即指同一专业、同一教研室或同一门授课教师为实现教学目标，需要长期的协同合作而构成的教学团队。这类团队相对稳定，具有一定的持续性。

根据民办高等院校的发展实际，前两类的基础就是项目立项，团队负责人就是项目主持人。教师参与教学团队的动力就是项目利益。项目主持人只要能很好地管理项目，促进项目的完成，可以不是教学名师，或者是团队中教学水平最高的教师。教师会根据教学团队的利益进行整体评估，选择加入或者退出教学团队。第三类的基础则是基于发展，教师加入教学团队的动力是自我教学的提升和教学目标的快速实现。团队成员会关注团队的运行方式和在团队中的获得感。其中，获得感指教师在教学中获得帮助、教学过程中互帮互助的收获等。这类教学团队运行高效，能有力促进教学目标的实现，教师会乐意继续参与教学团队；反之，教学团队就会名存实亡。这就要求教学团队中有教学带头人、合理的组织结构和良性的运行制度。

综上所述，教学团队是一个开放系统，系统内的因子（教师）可以自由选择加入或者退出。系统发展主要根据系统的内外资源获得和吸收的情况，即团队能获得很多的项目或者支持，使团队目标更明确、团队成员的凝聚力更强，从而推动团队良性发展。同时，系统内有许多行动独立、目标调整具有自相似性的分形元（教师或教师群体）。分形元如果吸收足够的养分（项目或者新的研究方向），就会分形出新的教学团队。因此，我们可以认为，高等院校教学团队是一个分形组织，具备分形组织的一般特点，可以运用分形管理进行分析。

二、基于分形理论的民办高等院校教学团队特点分析

分形组织具有自相似、自组织和自生长性的特性，分形组织教学团队同样具有自相似、自组织和自生长性的特点。民办高等院校教学团队具有教学团队的一般属性，同时由于学校的办学经费、组织架构等的特殊性，民办高等院校教学团队又有其独特之处。

（一）民办高等院校教学团队的自相似性

自相似性是指某结构或系统的特征经放大或缩小后，虽然尺度发生变化，但其特征与整体的特征是相似的。在知识以几何级速度发展的新时代，高等院校要完成人才培养和探究高深学问的使命，仅靠某一教师是难以实现的，任何成就的获得都离不开各种力量相互协同合作。一所学校的教师本质上就是一个团队。如果将这个团队看作整体，这个整体就是为实现学校的育人目标，不同的部门和教师相互协作的大教学团队。将育人目标分解成若干子目标，不同目标又需要集结不同群体去完成，这些群体就是大教学团队的分形元。用学科知识去区分这些群体，就形成了学院或专业。随着团队不断分化，就分形出自组织的教学团队。这些分形出的教学团队和所在的学校、学院、系在目标设置、结构、运行等方面具有相似性。民办高等院校教学团队的自相似性具体表现在三个方面。

一是组织结构的自相似性，即团队成员的构成与学校教师整体队伍的构成会呈现出相似状态。如：民办高等院校教学团队和民办高等院校教师队伍存在的问题相似，团队成员普遍年轻、缺乏梯度、缺乏高水平团队带头人等。

二是组织目标的自相似性，即团队的目标与学校目标具有相似性。教学团队的基础是教学目标，团队的教学目标是学校育人目标的细化。如：应用型高等院校普遍以培养技能型人才为目标，不同专业和课程的教学目标通常会体现出应用性、实践性等特点。有些民办高等院校出现注重团队称号对学校评价的影响、重教学团队申报、轻教学团队建设等现象。学校的教学团队则以申报为目标。申报结束后，教学团队并不会开展实际工作，难以发挥团队在促进教师发展、提升教学质量等方面的作用。

三是文化的自相似性，即团队文化与学校文化具有相似性。如：学校的教学文化、学校的员工文化等都会呈现在团队活动构成中。教学文化强，教师投入教学的积极性高，教学团队内教学交流氛围就会强。反之，教学文化弱，教学团队内部文化就会削弱，教学团队的发展则受限，教师对教学团队的认同感和归属感就会减弱。

（二）民办高等院校教学团队的自组织性

系统的自组织性是指分形元会以分形组织的分形为目标，来进行自我监控、自我设置自我安排、自我调配资源等，并且分形元会通过分形结果来进行自我评价。自组织性是在自相似性的基础上，强调单元组织自主与自律统一。教学团队的自组织性体现在教学团队能够自我形成符合有利于团队发展目标的战略和展示，也会改变自身形成新的分形单位，灵活应对发展所需。

民办高等院校教学团队的自组织性主要表现在：一是教学团队自我监控。教学团队会自主监控团队的发展，如监控团队的发展走向。与公办高等院校相比，民办高等院校教师教学更易受学校政策变化的影响。学校能获取的资源有限，相应的教学团队能获取的资源也是有限的，教学团队须时刻监控团队发展，将其与学校发展紧密联系，以证明其存在的价值，从而获得更多资源。二是教学团队自我调控。教学团队会根据所处的环境进行自主调控，并对团队行为进行评价，如根据学校的发展不断吸纳团队成员，根据教学内容和方式的变化变更团队契约、管理模式等。三是教学团队自我规划。教学团队会自主进行规划，如关于团队的发展计划、团队的项目执行等。

（三）民办高等院校教学团队的自生长性

自生长性是在自相似性和自组织性的基础上，强调单元组织自主决定分形。教学团队是非线性组织，其生长不能预测。具体而言，当已有教学团队发展出更多的教学问题和项目时，这个团队就有必要进行扩充。如：团队在原有的方向上衍生出新的系列方向，团队就需要招纳新方向的教师。随着跨学科知识的增加，原有的以课程教研室的教师为主的教学团队难以完成协同的效果，教师就会自发地与不同学科和方向的教师结合组成新的团队等。

三、分形理论对民办高等院校教学团队管理的启示

基于分形理论探讨民办高等院校教学团队管理，就是将学校教师组织视为一个系统，

各教学团队为分形元，是内部的协同子系统，通过分析分形元的特点来探讨如何提高系统对分形元的响应能力，进而提升教学团队的功效。

（一）尊重团队的自相似性鼓励团队个性发展

根据分形理论的自相似性，各分形单元之间、分形单元与其父系统之间，在组织结构及功能上存在相似性。因此，各分形单元（教学团队）会像高等院校一样对其内外部变化做出反应，同时又因为其规模相对小、层次少等特点，其反应速度和效率大大高于学校教学组织。因此，在教学团队的管理中，既要尊重其自相似性，也要考虑团队作为元组织的个性。

教学团队的管理尊重其自相似性，就是要对客观原因造成的教学团队先天不足，学校应多加包涵。如：在教学团队考核和评价时，减低对团队中高职称、高学历的教学名师的要求，注重对教学团队内部的沟通和协作成果考察，并将团队成果分布纳入参考范畴，从管理的角度将教学团队运行落到实处。

保持团队作为元组织的个性，就是要鼓励团队进行组织创新。这样，教学团队作为非正式组织才能更好地应对外界环境的变化。如：面对日益发展的跨学科交流，教学团队可以快速组建跨学科团队，促进不同学科交流。因此，在教学团队建设过程中，要积极吸纳兼职优秀教师加入团队。应用技术类民办高等院校在教学团队发展的过程中，要鼓励团队开展校企合作，积极吸纳企业导师加入教学团队中；鼓励教学团队根据专业特色、创新团队合作方式等拓宽团队合作渠道，充分发挥教学团队在凝聚教师和提升教学质量中的作用。

（二）发挥团队的自组织性推动教学团队自我完善

分形结构的自组织性本质上是分形元对来自内外部信息感知后做出反馈。教学团队的逻辑就是要让团队的自组织发挥最大效率，即通过教学团队的自我监督、调整、规划等来实现教学团队的完善与发展。教学团队在管理上束缚创新能力，在效用发挥上缺乏可持续的推动力，必然会催生组织内部的改进需求。

要发挥教学团队的自组织性，首先要将教学团队作为开放系统而存在。在管理过程中，教学团队的成立和解散都是自由的，团队成员进出团队也是自由的，要充分发挥团队的能动性。其次，要认识到教学团队是一个动态变化过程。教学目标的完成不是一蹴而就的，教师加入团队的动力也不是一成不变的。在管理过程中，既要鼓励和允许教学团队高效运作，也要在教学团队发展陷入低谷时给予适度支持。团队既要尊重个别教师的特殊贡献，也要重视团队成员的协同作用。

（三）利用团队的自生长性合理规划教学团队发展

自生长性在民办高等院校进行教学团队管理时体现在两个方面：一是教学团队的设置。教学团队的设置要建立在院系教学组织发展的基础上，这是基层教学组织发展的必然成果。如果现有基层组织教师数量不多，承担教学任务的教师教学工作不需要协同合作，教学团队设置就没有意义。相反，随着基层教学组织的发展，原有的教学组织不能满足进一步协同合作的需要，仅靠单一教师难以完成教学任务，教学团队就会应运而生。所以，学校教学团队的发展规划要建立在学校教学发展计划的基础上，有计划地引导教师发展。二是教学团队的规模。教学团队的规模不是越大越好，关键在于团队成员之间相互协作，实现既定目标。如：为了提升团队的实力，教学团队的申报资料中会加入校外教学名师的资料等。在团队建设过程中，这些校外教学名师并不会参与团队活动。这一方面会影响团队成员之间的协调，抹杀团队骨干成员的贡献；另一方面容易滋生团队教师的不满情绪，引导教师错误地认识教学团队，把教学团队视为资源获取的平台，而不是教师自我提升的平台。

分形理论是从分形元（部分）出发来确立整体的性质，顺着微观到宏观的方向展开的。基于分形理论探讨民办高等院校教学团队的建设，可以更好地从教学团队组织出发，发现问题并解决问题。当然，完全依据理论管理教学团队也会出现偏差，因为教学团队作为教学组织的一个系统，是普遍联系的。

第三节　追随理论下高等院校专业教学团队建设

专业教学团队建设关系专业定位、人才培养等，在高等学校建设中发挥着重要作用。教学团队建设的核心是专业带头人，主要执行者是团队成员，最终决定团队建设结果的是成员在教学团队建设过程中的追随力。

教学团队建设是教学质量提升的重要环节，是教学改革的重要组成部分。高等院校通过教学团队建设，建立有效的团队合作机制，深化教学改革，开发各类教学资源，提高教学质量。国内外学者对团队建设进行深入研究，形成了一系列理论，涉及高等院校教学团队教学互助、资源配置高效性、成员协调性、团队管理、领导胜任力等。教学是一个涉及多学科、多课程等的融合过程，一个好的团队需要优秀的专业带头人、一群志同道合的追随者，这样才能最大限度地发挥团队力量。教学团队由相关课程教师组建，成员参与度与参与积极性决定了教学团队建设质量，在一定程度上决定了专业建设的成败。

追随理论的核心思想和重要基础是追随力，即一种行为力量，存在于追随者与领导力和组织环境相互作用的社会化活动，体现追随者的认知、行为、社会活动、价值选择等。专业教学团队指的是以专业教授与相关专家为主导，由专业教师、管理人员等构成的教学人才队伍，强调能力互补、科学分工和团结协作。

在专业教学团队中，团队带头人能否实现专业建设目标，其成员的支持与配合是首要条件。建设一支优秀的教学团队，是提高团队教师教学质量、提升专业素养与技能、打造人才建设工程、深入推进教育教学改革等的有效措施。教师是课程建设的核心，也是专业教学团队建设的主力军，是专业教学团队建设的基础。优秀的专业教学团队，需要一个相对完善的教学平台，需要教学质量较高和有较强科研能力的教师积极参与。如何让具有这些优秀品质的教师自觉、积极、全心全意地组成教学团队，是值得我们深思的问题。

一、建设专业教学团队的困境

（一）教师角色任务多样化

随着社会的发展，学科之间的联系日益紧密，各类教材相互借鉴，课程内容重复的情况十分普遍。教师除了要完成日常教学工作外，还要对教学内容进行整合，既要承担教学任务，又要完成科研项目、日常事务及学生管理工作，任务烦琐，工作压力大，精力相对不足。

（二）高等院校绩效评价体系侧重于科学研究

高等院校管理方式、管理制度等缺乏相应的配套措施与激励机制，高等院校教师职称晋升绩效考核等偏重于科研，教师教学积极性不高，对专业教学重视程度不够、认识不足等，在一定程度上导致专业教学团队建设困难。

从某种程度上讲，教师也是追随者，其对专业带头人的期望与行为，就是一种追随行为。团队如何建设在一定程度上取决于追随者。所以，一支强大的专业教学团队必定有着强有力的追随者与追随行为以及与之匹配的追随力。这种追随力是一种自发的、非强制性的，是由追随者在一定环境下达成的与专业带头人观点、方向一致的行为，对专业带头人的行为起到积极的促进作用，也在一定程度上反映了追随者的利益与权益，而追随者的利益、诉求、素质等决定追随力。追随力越强，专业教学团队就越容易发展壮大，建设规模与效果就好。只有通过追随者一致努力，才能将教材与课程结合，将教材与课程体系融合，进而形成适宜的教学体系，形成提升学生综合素养和实践技能的专业教学体系。

二、将追随力转化为专业教学团队建设的动力

（一）提升专业带头人的专业素养

专业带头人是该专业的引路人，对本专业的发展方向、发展前景等有着整体认识。所以，专业带头人必须具备扎实的专业基础知识和相关学科知识，有较强的科学研究能力与教学能力，能在学术上、教学上引导团队成员，给成员一些建议与支持，帮助成员提升专业素养，促进成员提高专业学术水平。

（二）专业带头人领导素质提升

专业带头人的领导素质在一定程度上决定了追随者的追随力。因此，要促进专业带头人与追随者相互信任、相互尊重，传递有利于成员学习、进步和成长的信息，增强成员间的认同感，提高成员追随力，促使教学工作顺利展开和教学团队不断进步。优秀的专业带头人能使追随者更加积极、更具创造性，在追随者需要的时候提供好的意见或建议。

（三）充分发挥教师的积极性、主动性和创造性

追随者的态度和行为决定最终结果，团队成员应成为有效追随者，对专业建设进行思考与探索，不断提升自我。教师的积极性、主动性与创造性在一定程度上决定了专业教学团队建设的规模、成绩等。团队成员间应是一种相互信任、相互依赖的关系。

（四）增强团队意识，创新团队合作机制

教学是一个教授与学习的过程。课程教学过程需要各任课教师共同参与，对该课程及专业有一个全面的认识、设计课程讲授方法、确定讲解案例等，对教学中的疑难问题、重点问题、存在歧义的问题等进行讨论。专业课程教授过程，需要教师共同研究在信息化高度发展背景下新方法、新技术等的运用。教师间相互学习，取长补短，发挥个人特长，以

团队合作的方式，对专业知识进行梳理，帮助学生建构知识体系，将专业知识融会贯通，学以致用。团队的发展需要团队成员共同努力，专业教学团队亦是如此。专业带头人应与成员间形成一种共生关系，发挥集体的作用。团队成员应该紧密团结在专业带头人周围，提高追随力，促进追随行为发展，树立团队发展意识，围绕共同的目标——培养优秀专业人才，群策群力，开展教学改革与教学方法探索，共同建设一支优质高效的专业教学团队。

第四节　基于社会交换理论的高等院校教学团队建设

当前教学团队建设存在盲目组队、愿景目标模糊、缺乏合作、管理乏力等问题。这与教学团队自身吸引力不足、团队共享价值观不明确、成员的付出与回报失衡、团队权利地位分化与结构失衡等有关。从社会交换理论的角度重新审视高职院校教学团队建设问题并提出建设思路，可为全面了解教学团队的实质提供一个崭新的视角，为教学团队的建设进行新的探索。

教学团队是基于共同的愿景目标，旨在通过合作交流机制不断深化教育教学改革，最终达到提高教育教学质量的目的而组织起来的业务能力互补的正式群体。加强教学团队建设已成为高等院校教育师资队伍建设的重要环节和教学质量提升的重要举措，在教育改革中已经成为普遍共识。但毋庸讳言，在实践中，教学团队建设仍存在一些不容忽视的问题。

有些教学团队的组建仅仅是为了参与国家级、省级或学校级的评选，而不是为了提高教学质量、深化教学改革等宗旨。他们往往以高职称、高学历、论文科研数量多等为准则组建教学团队，以致于团队成员不明确自己的角色定位，找不到自己的位置，也不知道教学团队的目的和任务。盲目拼凑而成的团队成员之间的知识结构、实践能力、年龄职称、学历结构等缺乏科学性，团队吸引力不足。

教学团队建设的过程实际上就是一个人际交往的过程。如同其他人际交往一样，吸引力是诱导人们主动建立关系的力量，人往往会因为对方（或组织）有某种吸引力的情况下而主动接近他们（它们）。教学团队令人期待的愿景目标、利益报酬和团队成员的知识技能与实践经历等优势是教学团队组建的积极因素。

然而，教学团队的形成往往并不是因为团队本身具有吸引人的积极因素，而是为了组建教学团队而强拉成员或任意拼凑而成，并没有科学合理地考虑团队的结构，缺乏优势互补基础。无论团体还是个体成员，他们的吸引力是有限的。团队对个体的吸引不是出于团队自身令个体成员期待的愿景目标，个体成员在团队建设过程中并没有充分的时间和机会展示自己或提升自己。

在团队建设过程中，整体规划和认识不够，教学团队的总体目标和阶段目标模糊。团队缺乏被成员所理解和共同接受的愿望、理想、远景和目标，缺乏能够将团队和成员的目的真正结合在一起的价值取向或目标，缺乏制约或激励团队成员的行动准则。

没有价值取向和行动准则，成员认识不到存在的价值，他们处于投机侥幸的不确定状态。这种缺乏愿景目标的教学团队，无法激励团队成员产生强大的内驱力。成员往往走一步看一步，风险系数大，犹如汪洋中的一条船。没有方向，群体惘然，难以形成团队意识。团队中个人的目标、人格、态度等个人特征同团队的文化、氛围、目标、制度等组织特征差别较大。团队不能为成员提供工作、人际交往等的机会或在经济、物质、心理上提供资源，无法满足成员的需求和愿望。个人也极少为团队提供时间、知识、技能等，个人与团队没能形成互补，团队共享价值观不明确。

需求是交往的动因。成员参与教学团队建设是想获得需求的满足，即在满足对方（或团队）需求的同时能最大限度地满足自己的需求，这种满足既可以是物质上的，也可以是精神上的。如管理不当，成员不能获得满足感，则会使成员的投入与产出不能保持平衡。

在教学团队建设中，由于建设管理办法缺失或不完善，缺乏对团队的引导、激励与考核，缺乏团队合作和沟通协作的有效机制，成员之间交往的氛围不浓厚，成员间互动沟通学习机会不多；教学团队建设缺乏必要的资金支持，缺乏有效的资源整合和知识共享保障机制，适应教学团队建设、与教学团队建设相配套的外部政策环境缺失，同行业企业的联系与合作不够，教师缺乏实践教学平台，无法满足成员之间的交换。而交换的不公平性，使成员更加难以获得满足感，成员的付出与回报失衡，他们也就慢慢地产生交换终止或被动持续的心理。

团队成员在交往的过程中，自身吸引力决定了他们在团队中所处地位，吸引力较低的只有通过服从的方式才能获得满足感。交换中出现一方地位高于另一方，使其在群体中获得较高地位和吸引力，进而出现地位分化。

由于团队成员之间沟通不深入、交流肤浅，团队与团队之间，以及院院之间、院校之间、院企之间等缺乏合作，团队建设缺乏持续发展的必要条件，难以实现成果共享、相互促进或共同提高，吸引力较低的成员难以获得改变他们弱势地位的机会。当团队中缺乏公平互惠的价值交换准则时，地位较低的团队成员往往处于被剥夺状态，就会产生被剥夺意识。这种意识越强烈，他们就越有可能起来反抗或者离开团队，就会出现团队结构失衡。

一、社会交换理论视角下的教学团队建设

（一）社会交换理论的主要内容

社会交换理论是一种社会心理学理论，由美国社会学家乔治·霍曼斯创立，20 世纪 60 年代兴起于美国，进而在全球广泛传播，主要代表人物有布劳、科尔曼、埃默森等。该理论认为，人类的一切行为都受到某种能够带来奖励和报酬的交换活动的支配。人类的一切社会活动都可归结为一种交换，而人们在社会交往中结成一定的社会关系也是一种交换关系。交换的动力是"社会吸引"。有了社会吸引，同时每个人又都遵守了互惠规范、愿意等为他们的所得提供回报，于是他们通过共享价值与规范组成互动群体，开始社会交换过程。社会交换的行动系统包括行动者、行动者所控制的资本（或者说交换物）两个基本要素。社会交换行为依赖于交换双方彼此从对方所获得的收益与付出的代价的比值。

公平分配是社会交换的基本原则。在社会交换理论看来，人们在社会交换中，都要对所获得的收益与付出的代价的分配比例做出判断，都希望得到的报酬与付出的成本成正比，谁也不会自愿长久地进行"赔本"交换。当人们觉得自己的社会交换很公平时，他们能得到最大满足，交换关系也因而持续进行。社会交换大致经历一个"投入—回报—再投入"的过程。

社会交换的内容可以是物质的，如金钱、财物等；也可以是非物质的，如感情、服务、尊重、归属、自我实现等。社会交换的形式有内在性报酬的社会交换、外在性报酬的社会交换和混合型的社会交换三种形式。内在性报酬的社会交换以活动本身为目的。外在性报酬的社会活动把交换当作实现自己更大目标的手段。混合型的社会交换中既有内在性报酬，也有外在性报酬。

（二）高等院校教学团队建设的理论分析

教学团队建设是一定数量的知识与业务能力互补、年龄结构和职称结构搭配合理的专

兼职教师在以教研室、实验室、教学基地、实训基地等为建设单位，以课程或专业为建设平台，相互之间通过交流、学习、提高而形成的一种互动过程。

教学团队建设是一种社会交换。在团队组建及建设的过程中，吸引是诱因，需求是动力，交换是目的。教学团队建设成功的关键在于团队成员在最大限度地满足自己需求的同时，也满足对方成员或团队的需求。当教学团队成员基于团队的强大诱因而加入团队，遵守着团队共享价值与规范，并将自己的时间、知识或其他所控制的资本付出后，并得到了回报时，双方的交换关系便由此产生，团队教学质量和教学效果提高、教学改革推进的目的也得以实现。

按照社会交换理论的观点，人与人之间的互动是一种互惠的关系。教学团队成员之间以及成员与组织之间的关系也是如此，他们的动力源于他们期望从团队（成员）那儿得到的，并且一般也确实从那儿得到的回报。团队中参与交换的双方都会有对未来的某种期待的回报。当他们的付出获得期待中的回报后，这种社会交换关系才能得以继续，否则这种交换关系就会中止。通过交换，他们可能得到了外在回报，如金钱、服务、商品等。他们也可能获得了内在回报，如赞同、荣誉、自信、自尊、交往、尊重、认同感、自我价值的实现等。于是，他们又开始"再投入—再回报"的交换过程，由此推动教学团队建设持续发展。

二、促进高等院校教学团队建设的思路

（一）扩大和优化交换物，增强成员交往的吸引力

教师有参与教学团队的愿望是受到该团队各方面吸引力影响的。团队中每个成员自身所具有的交换物（知识、经验、技能等），团队活动、团队成员培训等带来的新知识和新观点都是吸引成员的诱因所在。因此，要做好教学团队建设，在团队成员搭配、团队活动、团队成员培训等方面下功夫。

在团队成员的搭配上，要考虑成员的知识结构、实践技能和成员层次。团队成员知识面广、工作经历丰富且技能互补、成员层次结构呈梯队等更具有吸引力。这样才更利于激发团队成员交换的积极性，从而使团队在专业课程、教材建设、校企合作等方面取得成果。

成员之间的不同知识与经历，只有通过交流交换才能有相互学习和进步。因此，营造信息沟通与交换的民主氛围，使成员之间有效表达和畅通反馈，能够满足个人安全、社交、

自尊、认可等个人心理的需要。只有调动每位成员参与其中，才能集思广益，给团队决策提供全面客观的意见和建议。

同时，为了让每个成员具有持续的吸引力，在学校资金及政策支持下，可安排成员参加在职或脱产学习进修，了解学术前沿动态，提升专业知识水准。组织成员到行业企业进行实践锻炼，掌握行业的最新动态，了解行业领域的新技能和新知识，通过实践训练，获取职业操作新技能。

（二）构建共享价值体系，引领团队发展方向

共享价值是团队成员共同的愿望、远景、理想和目标，是团队成员共同利益的体现，可使成员对团队产生归属感。共享价值的力量源于团队成员对整体目标共同的关切，可激发成员的工作积极性，激励团队成员全心全意为团队工作。具有共享价值的教学团队，能积聚内外部资源，发挥成员的力量，从而形成合力，谋求员工为了团队的共同目标而努力奋斗。

在团队建设上，要依据学校的办学理念和人才培养目标，在尊重团队成员个人价值、人格、自尊心和个性发展的基础上，确立团队共同目标，形成团队成员理解认同，并自觉履行的价值观体系。这种价值观体系是积极的，它直接渗透于教学团队的计划、组织、协调等每一个阶段，实现对教学团队的自我监督和自我调控。团队在同外界交换的过程中，能把团队自身的发展和团队之外的利益相关者有机统一起来，从而树立良好的公众形象，提高美誉度。

（三）合理权衡付出与回报，营造积极的交换氛围

没有报酬、激励机制等，难以提升成员的积极性。而激励不当，则难以充分发挥成员的价值。因此，在运用物质激励和非物质激励的方法时，只有合理权衡成员的付出与回报，才能营造积极的交换氛围。

结合激励的原则，针对实际情况对成员采用物质激励。做到物质激励公平公正，不会让成员觉得不公正而影响情绪和工作态度。在物质激励过程中，要用变换发展的眼光确定激励的程度和水平，以便达到激励的目的。

除了物质激励外，对教学团队而言，更多的是非物质激励。在实行非物质激励时，可以采取目标激励法，结合团队的远期、中期和近期目标，为成员制定合适的工作目标，激

发成员的动机和行为，调动成员的积极性；也可从情感入手，为成员参与建设提供条件。尊重团队成员的地位和人格有助于成员之间的和谐沟通。而对想充实知识、提高工作适应能力等，以获得进一步发展和职业晋升的成员来说，培训和职业发展激励则是一种更有效的方法。此外，采用荣誉激励，通过文件、会议、墙报等形式对成员的先进事迹与成果进行表扬，对其工作予以肯定，营造一种积极的舆论氛围，使激励对象产生一种光荣感，从而获得精神上的满足。同物质激励一样，只有结合成员的个体需求及其为团队的付出而给予其恰当合理的回报，才能激发团队其他成员的工作热情，从而形成积极的交换氛围。

（四）强化民主管理与监督，平衡团队交往结构

在团队交往中，由于人们在客观位置和关系上的差异，有时会出现一方无法向对方提供对等服务，或一方的付出无法得到相应的回报，这时就有可能出现权利的分化或者成员选择放弃而离开团队，以致出现教学团队结构变化，这可能会给教学团队建设带来很大的负面影响。因此，在教学团队建设中，有必要关注团队结构的平衡，做到成员之间相互尊重和接纳，不因年龄、相貌、地位和文化程度不同而区别对待；成员之间做到真诚对待，平等分享对方的境况与内心世界。团队负责人要采取多种方式让每位成员相互了解，充分沟通，让每个人参与决策，做到平等待人，引导团队成员树立对团队的无限忠诚和团队荣誉感。在进行绩效评估时，努力做到客观公平、不偏不倚，处理好团队利益与成员利益以及成员之间利益，使整个团队成员彼此把对方视为家庭的一员而互相敬重、相互宽容、彼此信任、相互帮助，做到相互依存、同舟共济、荣辱与共。

第五节　基于团队效能的高等院校教学团队建设

高等院校教学团队建设是我国教育教学不断深化改革的重要体现之一，将教学团队作为重点培养对象，提高教学团队的整体水平是提高教学质量的一项重要举措。我国创新型国家的建设需要大量人才。在这种形势背景下，教师的教学质量受到了巨大挑战，需要不断更新自身知识储备，提高教学水平、专业知识水平以及科研水平，发挥出最好的团队效能，为社会发展培养更多人才。基于团队效能对高等院校教学团队建设进行相关的研究，发现问题，并提出相应的解决措施。

现代社会的发展是多元化的，竞争格局瞬息万变，对人才的要求越来越高。不同领

域之间的相互渗透、相互综合对知识储备的要求也不断提高。高等院校教师在教学过程中需要不断加强学习，提高教学水平，以帮助学生适应社会的需求。这也就从客观上要求高等院校进行教学团队建设，从全局考虑，基于团队效能对教学团队的教学内容、教学方法、教学组织形式等环节进行创新，提高整个教学团队的教学能力，加强团队成员之间的交流与合作，为社会经济的发展提供更多具有创新精神和创新能力的创新型人才。

一、团队效能的概述

所谓的团队效能就是指团队的生产力，对高等院校教学团队的建设具有举足轻重的作用。团队建设必须重视各个个体之间为实现同一个目标而相互合作。要发挥团队效能，需要满足三个要素。其一是清晰的共同目标。团体之所以称其为团体，是因为拥有一个共同为之努力的目标、方向。高效的团队是在清晰目标的指导下进行有效运作的，可以避免在前进的道路上偏离既定的方向。其二是相互依存性。既然称其为团队，必然不会是个人的战场，团队成员之间都需要加强交流与合作，角色不同，所起的作用也不同。其三是共同的规范性。团队发展需要一定的机制来制约各个成员。完成任务需要在统一的规范指导下进行。这是保证团队健康发展的必要前提。

二、高等院校教学团队的建设

（一）建设背景

随着现在高等院校的快速发展，越来越多的学校可供学生进行选择。每所高等院校的组织具有不同的特点，教师的专业水平具有高低之分。为了让学生能够更好地学习专业知识，高等院校正在加强教师团队建设。教师团队建设从团队的机制建设开始，保证教学团队建设以教学育人为核心，倡导的是对教学团队本质的回归，从整体上推进创新型人才的培养计划。同时，教学团队的建设也是我国高等院校在不断加深改革的大背景下做出的选择，是推动高等院校实现可持续发展的关键，不仅有利于提高人才培养的质量，而且有利于教师的专业成长。

（二）建设意义

第一，学科综合化发展的需要。我国社会经济快速发展，在科学技术方面也取得了巨大进步。在高等院校的学习过程中，学科知识已经发生了巨大改变，逐渐由精细分化发展向综合化发展转变。许多学科之间的知识存在一定的关联。为了让高等院校学生在毕业后能够更好地适应竞争激烈的市场环境，高等院校的教学也随之发生改变。教学团队的建设就是为了更好地解决这一问题而存在的，对各个领域之间的知识进行串联。

第二，高等院校教学组织创新的需要。学校是向社会提供各种专业技术人才的重要基地，其根本任务就是传授知识和培养人才。高等院校传统的教学方式是对学科的划分过于精细，让学科之间的联系变得越来越少，导致教师在教学过程中只注重自己教学的课程，更多的是自主发展，不同领域之间的交流联系少，也就让高等院校的教学组织出现了分割的局面。为了适应社会的变化，迫切需要高等院校进行教学组织创新，发挥在人才培养方面的强大功能。教学团队的建设就是实现这一目标的必经途径。

第三，教学专业发展与教学质量水平提高的需要。学科的多样复杂对现代教师专业发展和教学质量水平有了更高的要求。传统的教学模式都是一个老师负责一门学科的知识传授，这种模式让教师在其他能力方面的欠缺无法得到弥补。高等院校教学团队的建设为改变这一局面创造了良好的条件，通过加强教师之间的交流与合作，可以互相弥补在教学上的不足，提高工作效率，更好地适应学科综合化的现代教学背景环境，提高教学质量。尤其有利于青年教师的专业发展，他们通过向学术带头人学习，成长为高等院校教学的主干力量。

（三）建设问题

实现在能力、价值观等方面共享，保持团队内部和谐，共同促进教学团队成长与进步，这是理想型的教学团队，但是这种理想型的教学团队与现实之间的差距还很大。我们可以将高等院校教学团队的建设分成四个重要阶段，分别是形成阶段、磨合阶段、成熟阶段和完成阶段，并对每一个阶段提出切实可行的目标和战略，研究建设方法。我国高等院校教学团队的建设基础就是对教学资源进行优化，不断提升科研水平，完善团队工作机制，为教学团队建设提供源源不断的活力，为教学团队建设提供重要保障。

第一，传统教学组织模式的阻碍。教学团队建设是时代发展的产物，较之传统教学模式的发展，时间短且经验不足。传统的教学组织都是按照学科来进行分类的，相互之间不会有太多交集，也就缺乏基本的交流与合作，其主要功能被定义为以知识传输为主导。但是随着科学技术的不断发展进步，社会对各型人才的需求也发生了一定改变，高等院校受外部环境的影响，越来越注重于科学研究活动及社会服务，逐渐偏离了教学的道路，导致教学的质量水平下降。在这种时代背景下，迫切需要对高等院校的教学组织模式进行改革，创新教学组织模式，以提高教学质量。就目前的情况来看，传统的教学模式组织遗留的结构不合理、专业分化过于精细、教师之间缺乏合作等问题，已经成为教学团队建设的主要阻碍。

第二，团队文化建设的基础薄弱。随着高等院校团队建设步伐加快，团队文化建设已经取得了一定进展，团队建设也得到了应有的重视。但是毕竟时间有限，团队内部依旧存在许多矛，对教学团队总体建设目标的理解上存在许多偏差，出现整体目标不一致的情况，严重阻碍了教学团队的建设；或者在价值观方面的不统一，不能进行合作与交流，使团队建设没有办法高效运行。

第三，扶持力度不够。高等院校教学团队的建设作为一种新型的教学模式，是深化教学改革的重要体现，它的顺利发展自然离不开政府的大力支持。相比传统教学模式，在许多方面有巨大落差。在资源方面，教学团队建设需要更多资源条件来保证运行的高效，需要花费时间和费用在师资的组织、硬件设备的配备和新内容的开发上，如果没有政府的支持，高等院校教学团队建设是行不通的。

三、对高等院校教学"团队效能"建设的建议

第一，探索建立新的教学组织模式。高等院校教学团队的建设是教学组织模式改革的重要体现，需要注意教学团队梯度的建设，由经验丰富的教学骨干领导团队的建设工作，带领青年教师共同探讨教学方式，从整体上提高教师团队的教学水平和质量。但是团队领导人精力有限，需要青年教师积极参与团队建设。所以，应该注重对青年教师的培养，打破传统组织模式的阻碍，为团队建设打下坚实的基础。鼓励青年教师参加学术性会议，参加各种教学经验交流，加强教师与企业的联系，让青年教师了解社会需要什么样的人才。组织青年教师开展教学研讨，加强教师之间的教学交流与合作，培养他们的爱岗敬业精神，不断提高教师教学团队的教学水平。

第二，教学团队目标的制定。这项工作的确定，需要综合考虑如下三个方面。一是课程与教材的选定。优秀的教材对提升教学效果能起到巨大作用。二是人才培养的目标。这是教学团队的根本目的。教学团队建设必定离不开这一要素。三是教学团队的团队文化。文化积累是一个漫长过程，优秀的团队文化离不开正确的目标指引。

第三，教学团队的组织管理。团队建设最重要的就是解决交流的问题，加强成员之间

的交流与合作。这不再只是一个概念，必须被付诸实践，是实现团队正常运行的重要手段。一个团队就像一台机械设备，每个成员都是机械正常运行的零件，缺一不可。只有在所有成员一起协作的情况下，团队才能高效运转。对教学团队的管理从内部出发，促进个体之间的交流与合作，提供多样化的交流方式，合理配置团体内的各种资源，使其得到合理利用。

我国目前正处于社会经济快速发展上升的阶段，对自主创新能力的提高越来越重视，当前发展战略的核心就是创新型国家的建设，所以创新型人才的培养是实现这一目标的基础。但是我国在高层次发展阶段的创新型人才严重缺乏，高等院校的教育已经不能满足社会发展对人才的需求了。因此，需要加强高等院校教学团队的建设，对人才培养体系进行创新，充分发挥教学团队在这一过程中的重要作用。

第六节　基于心理契约理论的高等院校教学创新团队建设

民办高等院校是一种崭新的社会办学形式，在教育体制的发展过程中占据着举足轻重的地位。影响民办高等院校教学创新团队发展的心理契约因素为精神满足与心理脆弱性，解决方法是建立心理契约的民办高等院校教学创新团队管理模型，包括横向机制、纵向机制和激励机制。

民办高等院校的发展迎合了高等教育体制下的教育改革，其管理过程具备企业管理和公办高等院校的双重特点。因此，建立双重特性的创新教学团队有利于促进民办高等院校教学模式的优化和教学质量的提高。笔者下面分析民办高等院校教学创新团队建设中的不和谐心理因素，给出平衡心理契约的方法。

一、心理契约理论基础

（一）心理契约的发展历程

最初，阿基里斯提出的心理契约理论是用来阐述员工与工头之间的关系的。随后，哈利·莱文森等人实证研究后并描述为内在组织和员工之间相互期望的总和。专家又将心理契约定义为组织与个人之间的一种隐性契约关系，并把双方应履行的责任和义务的认知与期望结合起来。由于社会分工不断精细化，缔约双方的类型也朝着多样化方向发展。

（二）心理契约的特征模型

心理契约中存在组织与员工基于承诺和感知在彼此之间形成的无形内隐的相互期望，无论传统二维型还是三维创新型，都揭露了心理契约模型主观性、内隐性、动态性、双向性等特征。心理契约传统二维型阐述了契约的建立是以雇佣双方的社会情感作为前提条件，这种双方交易型强调雇员在特定期限内依据组织所安排任务的完成情况获得一定的报酬，组织也只依据雇员的劳动贡献率来发放一定的工资。而心理契约的三维创新型介绍了交易责任维度、培训责任维度和关系责任维度。交易责任是组织依据员工的工作任务情况发放工资来实现诺言的履行，培训责任是组织对员工有着进行专业知识培训的义务，关系责任是组织对员工权利和职业前景有着不可推卸的责任。

二、创新教学团队心理契约的内涵特征模型

创新教学团队是一群有着开放意识、创新能力、高度责任感和团队精神的人，以同一专业或同一课程为载体而组成的教学组织形式。他们以团队为单位，利用创新型教育工具和模式，为提高该专业或该课程的教学质量而努力，为培养适合时代发展要求的创新型人才而服务。

（一）创新教学团队心理契约特征

创新教学团队的心理契约不同于企业雇佣关系下形成的经济契约。企业制度管理下的员工是以获得经济利益为最终目的的，而教学创新团队的教师在获得基本教学工资的同时，更加关注精神上的满足。

创新教学团队的心理期望主要表现为：获得学生尊重、领导赞赏、社会对自己教学认可，获得优秀教师等荣誉，得到晋升机会，通过学校考核，等等。作为教师，为自己能在所喜爱的教学岗位上传道授业解惑而满足，为自己所深爱的教学科研而奉献感到光荣。在教学过程中，教师能与社会各界学者探讨问题，致力于推动教学事业的发展，获得满满的成就感。由此可见，创新教学团队在心理感知上与外在的物质需求相比，更加注重追求强烈的精神满足，心理契约的内容偏重于创新教学团队成员的社会偏好。

心理契约具有脆弱性，这是创新教学团队成员间的心理因素变化影响的，基于契约的内容是感知实现的，是发生在教学创新团队和成员之间的。所以，双方中任意一方心理发生变化，产生了不信任感，都会使心理契约破裂。

（二）物质与精神二维平衡模型

为了让心理契约能在创新教学团队中永久维持下去，防范心理违背的发生，要求把握平衡心理契约的三个特征值，建立精神与物质相结合的激励机制，激发团队成员的荣誉感、进取心、责任心、事业心、积极性等。

创新教学团队要注重成员外部和内部的职业发展机会和动态绩效。成员有义务提高外部市场需要的技能，帮助教学创新团队保持竞争力，达成不断变化的组织目标。创新教学团队有责任承诺给予成员在组织中职业发展的机会，帮助成员实现高绩效的需求。

物质激励，即用基本工资、剩余索取权分享等外在的报酬形式来激励创新教学团队中的每一个成员。非物质激励，是通过教学团队成员的价值认可、荣誉感激励、职业生涯发展的赞同、剩余控制权的分享、公平分配等内在的报酬形式激励创新教学团队的每个成员。综合这两种激励方式，让团队成员在教学创新研究领域感知教师角色的存在，激发教师投入教学创新的热情，提高民办高等院校的办学质量。

三、构建创新教学团队心理契约平衡的管理模型

（一）心理契约平衡管理模型建立的意义

心理契约是教学创新团队与成员之间的相互期望，建立平衡管理模型是为了让教学创新团队与成员之间的心理契约得以稳定延续下去，减少双方因心理波动而使契约发生违背的可能性，最终是为了促进创新教学团队与成员的双向发展。

平衡的心理契约管理模型建立的意义：

1. 致力于团队成员间的共同目标

让成员在教学过程中铭记以"创新教学为宗旨、提高教学质量为目标"，既能实现自身的物质与精神价值，又能将每个个体凝聚到教学创新的前沿，推动整个教学创新团队在教学创新领域的发展。

2. 协调人员的异质性

缩小教学创新团队在地位与权威上的差距，增强不同成员间的沟通能力，形成对价值观和道德标准的认知。破除制度障碍，在平等的关系中民主科学决策，实现成员间良性互动。

3. 激发教学创新团队成员的热情，获得成就感

当教学创新团队成员获得组织、管理员的认可时，教学创新团队成员对专业知识的发挥和能力的发展会呈现出超越自我的倾向，在获得成就感的过程中不断提高能力，在享有能力时不断追求成就感。如此循环往复，教学创新团队成员就有了创新教学的主人翁意识。

4. 加强团队成员知识的共享与合作

在科技迅速发展、知识日益更新的时代背景下，个体吸收知识的速度和对知识的整合较慢，研究课题也呈现出多样化的发展趋势，这就要求实现由个人创作到团队集体协作的转变。

5. 责任与权利的公平性

创新团队的成员是具有创新意识和专业教学经验的教师群体组成的，具有不怕权威、崇尚理论等性格，而在进行教学创新过程中存在外部资源分配不合理、团队研究成果不能按个人劳动贡献率惠及每个成员等问题，这些现象警示团队管理者要注重公平，防止心理契约违背的出现。

6. 增强团队中成员的责任感

团队成员在个人的教学工作中会不遗余力地贡献自己的力量，改革教学模式，提高教学质量，在个人与他人的协作中积极探讨，加深对教学课题的了解，推动教学的创新和发展。

（二）基于心理契约的教学创新团队管理策略

心理契约违背现象的产生是制订教学创新团队在成员心理方面的管理策略的必然结果。这里将提到制定纵横向监督机制和激励机制来优化教学创新团队对心理契约的管理，用监督机制对教学创新团队的成员进行强制约束，用激励机制唤醒成员的内在责任感，以达到人性化管理的目的。

制定横向监督模型指的是在教学团队成员之间形成相互监督的方式。团队作为一个整体，存在团队资源分配的公平问题和团队利益的实现问题，而每个成员所获得资源是有限的，这就决定成员之间不能存在浪费和占用他人资源的现象。团队利益是每个成员共同努力的结果，单个成员的不尽职行为可能会影响整个团队研究成果的质量。所以，成员之间是不允许有"搭便车"、偷懒等危害集体利益行为现象存在的。制定纵向监督模型指的是团队管理者利用自己的权利进行科学决策，实施整套方案对团队发展做出规划，并制定相

关制度、法规来规范团队成员的行为，使其符合教学团队发展的需要。

心理契约是一种隐性契约关系，其主观理解和感知的信念不稳定性导致心理契约是不可避免的。平衡心理契约，制定教学创新团队心理契约管理策略，对民办高等院校教学创新团队的和谐稳定发展起到积极作用。

第三章 高等院校教学创新团队建设模式研究

第一节 基于课程组的教学团队建设模式

本节在分析高等院校教学团队建设现实困境的基础上，指出课程是学科与专业、科研与教学的统一，是教学团队建设的核心内容，课程组是教学团队建设的基本组织形式。分析华中农业大学以课程和系列课程为纽带，以团队思想为指导，建设课程组制度；通过研、查、赛等机制，强化团队凝聚力，提升团队水平；坚持教学与科研结合，逐层次培育优秀教学团队的模式。

集体是教育的工具。教学团队是教师间缄默知识转化的纽带，是提升师德教风的有效途径，是提高教育教学质量的迫切要求。团队作为一种高效而"时尚"的工作组织方式，广泛应用于企业管理，同时也被成功引入高等院校科研"创新团队"建设，高等院校也强调要培养学生的"团队能力"。在此背景下，我们需要反思高等院校教师教学团队建设效果欠佳的原因，以及高等院校教学团队建设的有效途径。

高等院校教师承担教学、科研、社会服务等任务，教学工作具有示范性、创造性、多元性等，教学效果具有长期性、社会性、迟效性和模糊性，这决定了教学团队有别于科研团队或企业团队，也是影响其建设效果的主要因素。

教学团队建设目标明确，即提高教师教学水平，提高人才培养质量。虽然有显示度高的方面，如精品课程、优秀教材、教学获奖等，但更多地需要通过学生质量来检验。夸美纽斯说："教育是为未来做准备。"大学教育也是为学生未来学习和就业做准备，具有滞后性和模糊性，教学团队建设成果显现具有迟效性，因此教学团队短期内显示度较差。这就削弱了目标的指导、控制与激励功能，增加了建设管理难度，尤其是加大了团队成果评价的难度。

科学发展日趋专业化，大学课程设置日趋细化，但无论基于课程、教研室，还是基于专业教学团队，成员大多出身于同一学科专业，知识结构具有较高的相似性，致使高等院校教师劳动具有很强的独立性和分散性，备课、上课、辅导、批改作业、编写教材等都可由个体独立完成，对他人依赖程度低。教师教学这一特点阻碍了教师参与课程组教学团队积极性，削弱了教学团队凝聚力，致使教师主动参与教学团队需求不足。

与科研和生产劳动相比，教学投入多少缺乏明显的经济利益差异，加之"重科研轻教学"的教师考核体系，教师投入教学及教学研究的机会成本太大。部分老师能坚守三尺讲台，开展教学研究与改革，源于他们对教育事业的热爱，以及神圣职业感和历史责任感。因此，当前乃至相当长一段时间内，教学团队凝聚力要依靠教师对教学事业的热爱、职业感和职业道德情操，及团队带头人的品德和人格魅力、学术与教学能力、管理能力等非职位性影响力、非物质性手段等来维系。

新中国成立后，教研室成为高等院校教学基层组织，负责相关专业（学科）或具体课程的教学与科研，后来受高等院校管理行政化因素的影响，成为一个行政组织。部分大学在向研究型大学转型发展过程中，相继以"系""研究中心"取代"教研室""把'教'字丢了"。教学、教研教改工作失去了载体，制度层面上约束了教学团队建设。部分高等院校探讨将"课程组"作为高等院校教学工作最基本的组织形式，以促进教学与教研改革。

一、课程组是高等院校教学团队建设的有效载体

（一）课程是学科与专业、教学与科研的联系纽带

教学工作涉及课程、专业、学科、教学等概念，但课程是其中最基本的概念，是学科和专业、科研与教学等联系的纽带，是高等院校人才培养工作的"心脏"。虽然，学科设置按照知识内在体系，重在知识发现和创新；专业设置根据社会分工需要，重在人才培养，但学科知识的传承在高等院校人才培养过程中需要通过具体课程去实现，不同专业人才培养目标的实现也通过不同的课程组合得以实现；科学研究不断丰富课程内容，教学则艺术化地展现并传承课程所包含的知识。在教学与科研现实矛盾中，课程体现了二者的统一，是真正化解科研与教学矛盾，实现科研与教学融合的根本途径。

（二）课程建设是教学团队建设的基本内容

教育部"质量工程"提出，要通过国家级教学团队的建设，改革教学内容和方法，开发教学资源，促进教学研讨和经验交流，推进教学工作的"传、帮、带"和老中青相结合，

提高中青年教师的教学水平，探索教学团队在组织架构、运行机制、监督约束机制等方面的运行模式。这与国家精品课程提出的"五个一"（一流师资队伍、一流教学内容、一流教学方法、一流教材和一流教学管理）建设标准非常一致。高等院校课程建设是教学改革与建设的基础，全面涉及教学计划、运行、建设与改革、管理等人才培养工作的各环节，包含教学队伍、教学内容、教学条件、教学方法与手段、教学效果、课程特色等提高人才培养质量的各种因素，课程建设水平集中体现了教学团队水平。

（三）课程组是教学团队建设的有效组织形式

有人认为，高等院校教学团队是一个组装项目，缺乏载体；也有人认为教学团队本身是一种全新的基层教学组织。笔者认为，团队并非一种正式教学组织，也不是"集成品"，但要形成稳定高效的教学团队必须依托一种全新稳定的基层教学组织。授课面向较广的基础课程和学科基础课程，或者同属一个学科方向、内容体系紧密相关的系列课程组成的课程组，不仅具备合适的团队规模，而且具有学科方向研究内容的内在逻辑以及人才培养目标和任务为依托的内在联系纽带，因而具有团队形成和发展的内在需求和自觉性，是教学团队建设最合适的组织形式。

二、基于课程组的教学团队建设实践

华中农业大学一贯重视本科教学工作，在探索教学团队建设模式过程中，实施课程组制度，以课程建设为纽带，通过研究、检查、竞赛等机制，促进教学科研有机结合，通过集体的作用营造教师"精心教学、研究教学、创新教学"的良好教学风气，在建设高水平教学团队、提高教学质量和人才培养质量方面取得了一定成绩。

（一）积极组建团队式基层教学组织

针对教师角色多元化背景下，传统基层教学组织教学功能逐步弱化，教师不愿开展教学研究、建设与改革，集体意识、协作意识、创新意识日渐淡薄等现实问题。20 世纪 90 年代，为加强本科教学工作、提高人才培养质量，学校提出课程组、系列课程、"一人多课，一课多人"等思想，实施课程组制度，组建教学团队。授课面向较广的基础课程与学科基础课程，或者同属一个学科方向、内容体系紧密相关的系列课程的授课教师组成一个课程组。课程组一般为 5 人至 10 人，负责组织本课程组成员制定课程建设规划、培养青年教师、规范教学文件、组织教研活动、研究教学问题、推进教学改革、加强教材建设等。课程负责人由民主推荐和学院考察相结合的方式确定。学校鼓励跨学院组建课程组。如：生态学教学团队就由植科、园林、资环等三个学院相关老师组成，涉及生态、农业生态、园林生态、环境生态等多门课程。各学院结合本单位实际制定"课程组建设实施办法"。实践证明，课程组为教师发展提供了一个良好的平台，有效促进了师德师风建设，提高了教学质量，许多教师也通过课程组找到了科研团队。

（二）努力构建研、查、赛长效机制

课程组是开展教学活动的最基层组织。在实践中，华中农业大学课程组从制度规范入手，构建了"研、查、赛"相互协调，团队成员相互协作、共同进步的运行机制。课程组是学校各种教学规章制度的具体落实者，如青年教师导师制、集体备课制、相互听课制等，这些常规性制度是团队建设的有效黏合剂，促进了团队共同研究教学，不断创新教学。每学期的期中教学检查制度、考教分离制度、领导听课制度、课程教学质量评价制度等则是对团队教学工作各环节、教学研究与改革成效的全面自查、检查与反馈。一年一次的教学质量优秀奖评选、两年一次青年教师竞赛是团队协作培养青年教师，提升团队整体教学水平的有力举措。例如，青年教师讲课竞赛分预赛与决赛两阶段，预赛由各学院组织，决赛由学校采取一堂课比赛与评委全程随机听课评分相结合的方式。各学院以课程组为主体，课程组全体成员从教案撰写、讲稿准备、教学组织方式设计、现场教学等全方位培育本团队参赛青年教师。团队成员在讨论观摩中取长补短，优化教学内容，改进教学方式，促使团队从传统竞赛的讲好一堂课到讲好一门课，从提高一名教师一堂课的教学质量到提升一个团队一门课程的教学质量。校督导组评价说，参赛后的课程团队整体教学水平较参赛前有质的飞跃。

（三）促进科研教学有机融合

如前所述，课程是教学与科研的统一，课程组内教师多属同一学科方向。课程组制度下，教师能很好地实现教学科研有机结合，教学团队建设能与科研团队建设有机融合。华中农业大学的优秀教学团队科研促进教学成效非常显著。第一，科学研究帮助教师开阔视野、追踪前沿、加深对基础理论的理解和把握，从源头提升了教师教学水平。第二，科研成为新课程的生长源，促进课程体系优化。如：学校遗传与分子生物学教学团队，紧密结合学科动态和科研成果，在两门课程的基础上，先后增设了现代生物技术导论、分子细胞

生物学、生物信息学、分子克隆技术等近十门课程，形成了以遗传学和分子生物学为基础、经典与现代有机结合、新兴交叉及前沿特色突出的课程体系。第三，科研促进教学内容更新。第四，科学研究不断探索未知的思维习惯对教师教学方法的改革具有潜移默化的作用，极大促进了教师探索研究性教学模式。例如，16 门新生研讨课均采用研讨式教学和学生自主探究式学习模式。第五，科研促进学生创新。科研优势和优质的教师资源为本科生全面接受科研训练提供了系统保障，学生通过课程了解老师、了解学科前沿，进而走进教师实验室。学校每年有上千人次本科生参加科技创新基金项目，进入课题研究。

（四）培育特色创建精品

早在 20 世纪 90 年代中期，华中农业大学以"五个一"为目标，即一流师资队伍、一流教学用书、一流教学文件、一流教学方法和考试方法、一流实验室和实践基地，立项重点建设校级和省级优质课程、国家理科基地名牌课程，逐步形成了校级、省级、国家级等三级课程建设体系。在建设过程中，从重点建设学科基础课和专业核心课单门课程入手，逐步确立了系列化、立体化的建设思路；在促进课程建设中，也促进了课程组这一基层组织的建设与发展，在全校形成多个有机教学团队。在教育部"质量工程"实施以来，学校坚持继承与创新、系列与特色、个性与人性等相结合，高标准高质量开展精品课程建设，探索了"名师＋名课、源集成＋特色、史积淀＋创新、优势学科＋条件"等精品课程建设模式。以课程组为依托的校级教学团队的建设，确保了学校人才培养的中心地位和本科教学的基础地位，推进了学校教学改革与建设，提高了人才培养质量。1996 年以来，学校立项校级重点建设课程 200 余门，建成 130 余门校级优质课程，53 门省级精品课程，32 门国家精品课程，在分子生物学、农科生物学基础课程、农产品营销等多个课程组团队中形成了系列优势与特色，获准 10 个省级教学团队和 7 个国家级教学团队。

部分高等院校努力在探索提高教学质量的途径，努力让高等院校教师回归课堂、回归教学。课程组这种新型组织形式是一种良性回归，但是课程组在大部分高等院校还是一种非正式组织，基于课程组的教学团队建设的长效机制有待于引起各高等院校和高等教育界的重视。

第二节　高等院校本科生科研创新团队建设模式

高等院校本科生创新能力的培养已列为本科生教育的重要目标，它以科研项目为核心，带动本科生教育培养，辅助科研团队建设，满足了当今本科生培养模式的需要。通过项目牵引模式，建立一种高等院校集本科生创新能力培养与科研团队实力增强于一体的全新教研学模式，为高等院校本科生教学改革提供理论支持。

高等院校作为人才培养的重要基地和人才集聚的战略高地，在国家创新体系中发挥着越来越重要的作用。高等教育要重视培养大学生的创新能力、实践能力和创业精神，普遍提高大学生的人文素质和科学素质，也成为越来越多高等院校人才培养的必然之路。

原教育部部长周济同志曾多次在各种会议上强调，高水平大学建设要把创新团队的建设放在首位。培养具有创新思维、创新精神、创新能力以及实践能力强的优秀高素质复合型人才已成为国家特别是教育界面临的重要任务，也是高等院校工程人才培养的一项紧迫任务。因此，以合理的模式构建高等院校本科生创新团队势在必行。

一、高等院校本科生科研团队的特点

团队是由若干成员组成的共同体，该共同体成员之间合理利用每一个成员的知识和技能协同工作、解决问题等，以达到共同的目标。本科生科研团队是以一定的科研目的为目标，经过团队成员之间相互协作，解决科研问题并共享科研成果的团队模式。

本科生科研团队所具有的特点：①以完成共同的科研项目为目标，以课题组的形式组建科研团队；②团队成员之间分工明确，共同协作，成果共享；③团队多以导师负责的形式存在，成员均衡分布在大学一年级至大学四年级。

二、高等院校本科生科研团队模式的构建

高等院校本科生科研团队既然以项目为依托，为了培养出的本科生人才创新能力及科研动手能力突出，以科研项目带动科研团队的建设，以学生兴趣爱好为出发点，在教师和学生双向选择的基础上，按以下模式构建团队，以便科研团队的科研能力及成员创新实践能力的共同提高。

（一）导师负责制项目牵引制研究型本科生创新团队的构建

组织结构由导师组领导团队的发展方向，课题负责人为总负责（CEO），课题组是由团队管理经验丰富的人员组成的领导团队；省农产品加工工程技术研究中心和食品学院的中青年教师担任学术骨干（COO），校内外专家教授、学术顾问及企业工程师为技术总监（CTO），通过"项目招标"或"双向选择"在全校跨院系、跨学科、跨专业招收食品学院、工程学院、生命学院、经济管理学院等院系 10 名至 20 名不同年级的本科生开展"真刀真枪"的项目研究。

同时，选拔核心"种子"队员 3 名至 5 名，作为各项目组负责人，最低层是预备队员。预备队员主要由来自不同学院、不同专业的大学一年级新生组成，预备队员要求学习态度端正，思路清晰，理论基础雄厚，实验动手操作能力较强，团队合作意识强；二线队员主要由大学二年级和大学三年级同学担任，是团队组建的主要力量；一线队员主要由大学四年级同学以及研究生担任。所有参加项目组的成员都进行具体分工，并随着课题组工作进度调整工作内容。下设水稻加工及副产物综合利用项目组、玉米加工及副产物综合利用项目组、马铃薯加工及副产物综合利用项目组、谷物副产物生物利用项目组；项目组中有经验的同学担任小组长，负责实验过程中的相关问题并组织协调科研工作顺利进行；各个小组之间既独立又相互协作；团队内部由小组长分配工作，协调管理，专人负责专项；各小组之间，互相协调工作，成果共享。

（二）科研团队的管理与运营模式

团队负责人全面负责项目计划的实施、管理和相关资源的统筹安排，筹措落实项目建设配套资金，报告建设项目年度完成情况和年度经费预决算，安排接受学校对项目执行情况的检查、评估和验收。

团队成员主要由在校跨学科的本科生组成。要求学习态度端正，思维敏捷，基础扎实，综合素质高；主要基础课成绩良好以上；实践动手能力、创新意识等科研潜质方面有突出表现者，其他方面则可放宽限制；在读期间，表现优秀者可优先考虑。整个团队运行期间，要求团队合力统筹时间，在完成课程学习的基础上进行课题组学习，因为课题组科研学习导致学习成绩有下滑或者实验态度不认真者，课题组管理人员有权停止其在团队中的科研工作；遇到小组内不能协调解决的问题，应向指导教师求助；实验期间，定期进行工作总结，提出下一阶段的工作计划；根据项目研究情况积极撰写学术论文、申报国家专利或申报奖励，积极参加各类学科竞赛活动；积极参与企业产业化项目中试、企业对接，达到预计的各项技术性能指标，项目验收，经专家鉴定后开展成果转化、项目结题等工作。

（三）科研创新团队激励机制的建立

对积极参加创新实践活动取得成果的学生，建议学校和学院，经指导教师的评定和学院的审核，项目达到一定科技水平的由学生提出申请，经学院批准后，对相关学生进行一定的学分奖励，同时所得学分可部分替代学生选修课学习部分。对获得省部级及以上科技论文竞赛一、二、三等奖，特别是取得重大成果，如申请专利、成果转化效益可观、文章被 EI、SCI 检索的学生，除物质奖励外，建议学校可在学生相关评优中给予加分处理。

（四）创新项目的管理与验收

每个获准项目经费的使用权由项目负责人掌握，限额使用，由挂靠单位有关负责人进行审批。项目经费使用主要包括实验材料费、小型器材购置与加工费、小型仪器租用费、客座人员及学术顾问差旅、住宿、生活补贴费、学术活动费、实验室公共性开支、大型设备的维护运转费、外出研究工作产生的生活补助费、办公及资料费等。项目进行中期由挂靠单位向导师提交中期经费使用审核报告，并由导师确定是否划拨后期经费。团队建设按照"培养能力、鼓励创新、突出重点、注重实效"的原则选择项目，按照"自由申请、导师推荐、择优资助、规范管理、严格验收"的要求管理项目。

通过这种以科研项目带动本科生科研团队模式的建立及在黑龙江八一农垦大学本科生教学中的实践，成功提高了本科生参与科研团队的积极性，同时让科研团队的综合科研能力得到提高，有效缓解科研导师科研压力过重、科研教师不堪重负等科研弊端，为科研项目的可持续发展提供了有效途径。

第三节　高等院校微课程教学团队建设模式

本节首先通过微课程与微课的区别与联系阐述建设微课程教学团队的必要性和团队合作的优势，其次具体分析研究建设微课程团队的方案措施，最后从建设团队中可能出现的障碍入手，阐明微课程教学团队建设的管理方法。

随着时代的发展，传统的教育理念、教学模式都在不断变化。为了顺应教学模式改革的需求，顺应教学理念转变的需求，满足学生快餐式的学习要求，微课程建设刻不容缓。微课程资源建设包含课程总策划、教学方式等的具体设计、内容裁剪、课程主讲、课后辅导、答疑等，每个环节都需要分工协作好，这些工作只有微课程教学团队才能够完成。因此，建设微课程教学团队是教育发展的必然趋势，是保证学科持续、健康、稳定发展的根本大计，也是学校改革创新并取得成功的主要动力。

一、微课程与微课

微课程与微课既有联系，又有区别。微课是指以视频为主要载体的简短而又完整的教学活动。微课程属于课程系列，它是运用构建主义的方法，把线上线下学习为形式的实际教学内容，所以不是为微型教学而开发的微内容。它包括课程设计、课程开发、课程实施、课程评价等四大范畴。微课程包含微课，两者紧密相关。微课程建设显然是团队项目，只有团队合作，才能较好地完成这项工作。

二、团队合作的优势

第一，为团队成员提供互相学习的平台。建设基于网络教学环境的教师团队，即构建基于共享、共建、共进的专业发展的教师学习共同体，有利于教师个人的职业发展。

第二，可以提高教师队伍的竞争力。小溪只能泛起美丽的浪花，海纳百川才能激起惊涛骇浪。只有团结合作才能成就共同的目标，从而实现和满足每个成员各自的需求。

第三，能够有效提高教学质量。通过团队成员的协作，教师及时沟通交流，使业务水平和教学技巧不断提高。

三、建设微课程教学团队的具体方案

第一，确立团队清晰明确的目标和愿景。共同的目标是团队存在的核心。由于团队成员的教育背景、社会阅历、需求等不同，存在着不同的价值观和不同的教学理念。建设团队首先必须要确定团队共同的目标，只有有一个共同的目标和愿景，团队成员才能凝聚在一起，知道"我们要完成什么""我应该做什么"。当然，目标要切合实际，否则，会打击团队成员的积极性。

第二，营造"以人为本"的工作氛围。尊重团队中每个成员的见解和成绩，因人而异分配任务，并及时给予鼓励和肯定，使每个成员都能够充分发挥自己的特长，感受到团队的温暖、有主人公的感觉。例如，根据每位教师的优势和知识点的特点具体分工，使得每个团队成员各尽所能、人尽其才、尽情展现自己的才华。

第三，创造良好的沟通环境。一个知识点用什么方式表述、用哪种设备效果更好、用多长时间表述，都要进行讨论的。所以团队成员相互尊重、及时沟通信息是顺利完成团队目标的基础。有效的沟通能化解队员之间的意见分歧，可以增强团队凝聚力。如果不进行充分的沟通，难以达成队员之间的默契、共识，团队成员无法有效合作。只有频繁地沟通和交流，才能更顺利地实现目标。

第四，树立全局观念。团队成员不能计较个人的利益和局部利益，要把团队目标作为最高追求，团结一心，共存共荣。把个人的目标融入团队的总体目标，最终达到团队的最佳整体效益。没有团队的合作，仅凭一个人的力量无论如何也做不好微课程，只有通过集体的力量，充分发挥团队成员的才华，取长补短，才能把制作微课程的这项工作做得更出色。

第五，注重团队成员的培训。要有效地提高团队成员的素质，从而提高团队的整体竞争力。随着信息技术引入大学数学课堂，教师本身需要对新技术进行消化和理解，在团队中应该营造积极的培训氛围，使团队成员乐于参加培训。鼓励教师勇于把先进的科学技术与传统的教学方法紧密融合，不断地更新教学理念和教学方法。

四、微课程教学团队建设中的障碍

第一，出现"搭顺风车"的现象。

第二，缺乏成员之间的互补性，缺少解决关键技能的方法。

第三，没有建立有效的绩效评估体系与奖励机制。

第四，面临微课程的利用率低的问题。

五、微课程教学团队建设的管理

为了避免出现上述的障碍，在微课程教学团队建设过程中要采取以下管理措施。

第一，团队负责人首先要不断提高整体素质。得人心者得天下。要用精湛的业务服人，要用人格魅力取信人。

第二，树立团队精神，消除不劳而获的想法，增进队员的自信心和责任心。

第三，要建立公平公正的绩效评估体系和激励机制。根据团队队员的贡献进行绩效评估。消除团队成员之间的消极情绪和沮丧心态，努力调动团队成员的积极性、主动性和创造性。

第四，在微课程建设中，为了满足教师与学生的需求，反复修改、不断完善是必不可少的环节。另外，增强交互功能，使学生在互动的教学环境中消化知识，消除人机学习的孤独感。

第五，微课程建设必须要突出特色。只有有鲜明特色的微课，才能够吸引授课者的"眼球"，促使其睹完为快。有特色的微课才有生命力，才能满足学生的学习需求。

总之，微课程建设目前还处于初步探索阶段，建设微课程教学团队是一个漫长的过程，如何建设具有竞争力的微课程教学团队，发挥互联网的特长，突破学生学习时间和空间的局限性，有利于优化课程资源，鼓励学生自主学习和合作学习，同时把线上的教育和线下的教育有机结合，改善教学内容和教学手段，有效利用课堂时间，提高人才培养质量是所有教师要进一步探讨的课题。

第四节　高等院校体育教学团队建设 TBL 教学模式

在新课改背景下，高等院校教育更强调体育教学的重要性，通过提高体育教学质量以增强大学生的身体素质。进行高等院校体育教学，需要以团队为基础，激发学习者的团队协作精神，注重教学的创新性与实践性，这就是当前使用比较频繁的小组合作学习（TBL，Team-Based Learning）教学模式。本节先简要介绍 TBL 教学模式的具体内涵，分析高等院校体育教学团队建设使用 TBL 教学模式的必要性，然后给出 TBL 教学模式具体实施策略，系统给相关教学工作提供一些有价值的参考。

当前，随着新课改不断推进，高等院校体育课程教学也发生了巨大变化。提高高等院校体育课程教学质量，其目的是提升大学生体质健康水平，促进学生智力及身体素质的共同提升，这也是高等院校体育教学必须完成的重要历史使命。在高等院校体育教学改革中，基于 TBL 教学模式的应用在高等院校体育教学团队建设中发挥着重要作用。

一、TBL 教育模式

TBL 是一种以团队为基础，激发学习者的团队协作精神，关注人的创造性与实践性的新型教育模式。该教学模式在当前高等院校体育教学中得到了有效应用。

高等院校体育教学中应用 TBL 模式的步骤一般为：①采取合理的分配方式，将学习者组织成若干固定团队。②学习者需要体现了解教学内容，以便做好课前的准备工作。③对学习者的体育水平进行测定，根据测定结果来判断个人或者团队知识与技能的掌握情况，从而进行针对性的辅导。④针对性地开展多次联系，发挥团队写作，解决实际问题，从而实现共同的目标。⑤进行实践结果的评价与总结。

在 TBL 教学模式中，有组织及有步骤的互动，能够使团队中具有基础知识及不同技能的学习者在合作学习过程中通过共同探讨、共同进步以及共同提升，以不断提升学习者分析问题、解决问题及创新思维的能力。

二、高等院校进行体育教学团队建设的必要性

高等院校是我国人才培养的重要场所，在推进国民经济发展中扮演着重要的角色。在素质教育的今天，提升大学生的身体素质水平不但是个人成长的需求，也是时代发展的需求。然而，在高等教育大众化背景下，高等院校长期存在知识教育以体育教学的矛盾，主要表现为实际教学中过于重视专业理论与技能教学，忽略了体育教学这一重要内容。同时，体育教学团队建设滞后，教学模式落后，也成为当前高等院校体育教学发展的瓶颈，迫切需要寻求新的方式进行改进与提升。借鉴 TBL 教学模式与理念，打造一支高质量的体育教学团队，是助推当前高职院校体育教学改革，提高体育教师教学能力、科研水平的等重要手段。

三、TBL 教学模式下的高等院校体育教学团队建设

（一）教学团队构建

合理分配、组织及管理相对比较固定的团队是 TBL 教学模式应用的重要前提。高等院校体育教学团队的建设，为提高团队建设质量，首先需要根据高等院校实际情况，建立不同的体育教学团队，建设试点。试点取得一些成效后，以点带面进行推广，以逐渐壮大

教学队伍。同时，体育教师还应充分认识到构建教学团队的重要性，深刻体会到教学团队建设的内涵。其次，要构建有利于教学团队发展的良好氛围。在教学团队的建设中，需要给予团队成员良好的待遇、帮助以及支持，尤其是成员地位、待遇、职称等方面倾斜能够让教师体会到更高的重视度，这对提升教师的教学积极性有巨大帮助，进而使教师能够全身心参与高等院校体育教学。

此外，在高等院校体育教学团队构建上，还需要明确目标定位的重要性，目标定位需要立足于实际的体育教学改革，建立短期以及长期教学目标。在教学目标的制定上，应通过学科建设、教育教学研究等来确定合适的目标。目标确定后，需要科学合理地构建体育教学团队，教学团队负责人的遴选非常重要，一般由事业心强、责任感高以及教学科研经验丰富的教师担任。此类负责人往往能够发挥自身的管理与专业能力，带领整个团队向着高等院校体育发展的前沿进步，同时使团队成员不断进行改革与创新，实现教学团队的共同目标。在团队的配置上，绝非简单地将人员进行拼凑，而是应遵循优化组合的原则，吸收一些肯钻研、有能力且甘于奉献的教师，促使教师教学目标达成一致性。团队成员的人数应控制合理，注意团队规模，因为人数过多往往会造成一些负面效果，比如使管理更加困难，整个队伍也容易变得散漫。在成员能力上，需要注意知识与技能的合理搭配，使团队在职称、学历、年龄等方面形成优势互补，同时整个团队成员在负责人的引导下，相互协作，统一思想与行动，营造和谐良好的教学氛围，规划团队共同发展的愿景，以提升教学团队的凝聚力。

（二）学习应用

教学团队构建完成后，进入团队成员学习、准备以及应用 TBL 教学模式的重要环节。其中，团队学习是助推教学团队健康稳定发展的基础，对良好学习氛围的构建有重要意义，同时能够不断增强体育教师的认识能力，使体育教师能够不断加强学习，逐渐更新原有的知识，形成适合体育教学发展的知识结构，提高教师的业务水平，达到补充、拓展以及提升的目的，进而提升团队的整体素质以及实际教学效率。团队成员之间的良好互动关系，往往影响目标的实现时间与实现质量，因此在教学团队中营造一个积极、和谐、坦诚的合作氛围及成员关系非常重要。教学团队成员在愉悦及良好互动沟通的教学环境中，往往能够充分发挥自身的智慧及潜能，相互之间合作紧密，共同探讨体育教学相关问题，实现知识与技能共同提升。此外，在教学团队中，每个成员都承担着实现团队目标的责任，这也是保证高等院校体育教学能够顺利进行的关键，也是团队成员应有的自觉性。对团队内部分工，团队负责人应充分了解团队成员的特长，通过合理分工发挥团队成员的个人能力，通过取长补短与优势互补形成合力以提升团队的吸引力。

（三）个人及团队的认定

在 TBL 教学模式中，流程中一项非常重要的内容就是个人以及团队的认定。对高等院校体育教学团队建设而言，个人及团队的认定就是对教师个人及教学团队的评价。个人及团队评价，首先需要建立一套科学合理的评价机制与评价方法，对体育教师的课堂教学、课堂建设、教学研究、学科发展等情况进行合理评价，同时要对教学团队中教师的精品课程、教学研究成果、课题研究成果等进行评价。其次，评价的具体内容以及评价的实际标准，需要根据高等院校体育教学的特点以及体育教师现状制定，绝不能松散，同时评价标准也不能过于简单或过于困难。最后，要不断完善以及创新评价手段，在实际的个人及团队评价上，可以采取教师自我评价、同行评价、学生评价、专家评价等多种评价方式，使评价既能够对体育教师的自身发展做出合理评价，又能够对团队建设情况进行合理评价，以促进高等院校体育教学团队健康发展，保证教学团队始终具有旺盛的生命力，助推教学团队的健康稳定发展。

（四）综合能力应用与实践

在 TBL 教学模式中，综合能力应用与实践是教学模式的核心。在体育教学团队建设中，要依照团队目标以及阶段性的任务要求，在团队负责人的领导下，通过教学活动评价、现场指导、教学案例分析等过程来增强体育教师教学实践的能力，同时可以通过定期开展知识技能培训、专业教学讲座、学术研究报告等活动来不断提升教师的个人素质。此外，开展体育教学研究还应保证体育教学工作的实效性，提示教师在实际的教学过程中应该进行合理的教学设计。处理好教学与科研的关系，并做到教学与科研有机结合，进而提高体育教学的整体质量。

（五）评价与总结

TBL 教学模式的另一个重要环节是教学评价与总结。这主要因为高等院校体育教学团队的建设并非一蹴而就，而是需要长期的实践与经验积累。对高等院校体育教学团队建设而言，及时进行教学评价与教学经验总结是非常重要的。在评价与总结过程中，需要包括三个方面的内容：学习者成绩、团队成绩、团队贡献成绩等。因此，高等院校体育教学团队建设中的评价与总结，可实现成员绩效、团队绩效及团队贡献成绩的量化。此外，还可以借助学生测评、同行测评、专家测评等多种手段来总结教学团队在实际工作过程中存在的不足之处，同时对量化信息内容进行处理，即对量化成绩优秀的教学个人及团队给予绩效奖励，这样能够调动团队以及团队成员的教学积极性，进一步提高高等院校体育教学团队的建设质量。

总之，在素质教育背景下，基于 TBL 模式的高等院校体育教学团队建设对大学生的综合素质能力提升有非常大的帮助。TBL 模式下的教学团队，在团队负责人的领导下，建立起团结互信的团队协作氛围，能够促进团队成员间的沟通与交流，进一步实现团队共同目标。

第五节　以提升团队创造力为导向的高等院校教学团队建设模式

自"质量工程"提出以来，我国高等院校教学团队建设越来越受到重视，高等院校教学团队建设已成为提升高等教育水平和改革高等院校教学现状的有效方法和途径，而高等院校教学团队的创造力作为教学改革活动的基础动力，理论与实证研究还存在一定的缺口。高等院校只有不断提升教学团队的创造力，才能顺应当前我国创新型高等院校建设形势，在提高教学质量与水平的同时，为社会输送更多优秀的创造型人才。故此，本节从高等院校教学团队建设现状入手，提出以团队创造力为导向的高等院校教学团队建设模式与路径优化的方案及措施。

随着现代社会的多元化发展以及竞争格局的快速变化，创造力作为创新的基础和源泉，日趋成为人们关注的焦点。自教育部提出"质量工程"以来，高等院校教学团队建设成为推动高等院校教学革新与教育改革的重要一环，尤其是提升教学团队的创造力对提升整体教学团队的教学水平、优化高等院校教学质量、为现代社会输送更多创造型人才等具有重要意义。

一、高等院校教学团队创造力的内涵

教学团队是一种特殊类型的团队，由少数技能互补的教师组成，承担着一定的教学任务，其价值体现在"教学"。而高等院校教学团队是指由一群教学水平高、学术造诣高的教授牵头组成的一种以教育教学为目标，对现有教学资源进行合理分配和利用的创新型教学基本组织形式，其特殊性在于这是一种育人又育己的专业型学习组织。而对团队创造力的内涵，巴拉德瓦杰（Sundar Bharadwaj）认为，团队创造力是通过给团队提供资源来鼓励成员发展有意义的新奇想法和行为。柯克和肖特（Kirk & kent）则强调团队创造力是一个集体性的创造性思考过程，在这一过程中尽可能多地出现新的想法与方案。李（C. Lee）等认为团队创造力等同于一种产生新想法的能力。

纵观相关学者观点，本书认为高等院校教学团队创造力指的是一种高等院校教学团队内部产生并实施新想法的能力。具体而言，高等院校为实施教学改革，提高教学质量和教学研究水平，通过团队负责人组织、协调、利用团队合理的人才结构、知识结构和组织结构，利用团队成员合作完成教学改革任务的过程整合团队成员的个体创造力和个体教学改革行为，从而使教学团队具有从事创造性教学改革活动和产生创造性教学改革成果的一种复合能力，对高等院校教学团队的改革建设与创新发展具有重要意义。随着国家重点项目的推进，我国教学团队建设工作突飞猛进，教学质量稳步上升。

二、高等院校教学团队创造力建设影响因素分析

高等院校教学团队中的个体大多具有相似度较高的学科教学背景，每个体都是具备较高素质和能力的创造个体，有着较强的独立性与个体创造力，能够依靠自身力量单独完成各项教学与科研任务。但教学团队内部交流较少，组织较为松散，削弱了内部个体的合作积极性。团队合作时，有时会出现"1+1<2"的现象，降低了团队合作教学改革的效率，影响了教师个体能力与素质的提升，团队凝聚力也难以提高。同时，因为受资源流通限制、交流较少等因素影响，个体创造力难以转化为团队创造力和创造性产出。这些都会制约高等院校教学团队进一步发展。

高等院校教学团队创造力的提升对高等院校基础学科建设、专业课程设置、教师个人发展、人才培养战略等有着重要意义，是高等院校团队进行教学革新活动的原动力，也是

各大高等院校在激烈的竞争中获得竞争优势的关键要素之一。高等院校教学团队的创造力系统主要由三部分组成，即教学团队创造力主体、教学革新的创造力发生过程和教学革新成果，它们相互影响，促进创造力不断提升。同时，福德斯也提出影响创造力的四因素，即创造者、创造过程、创造成果和创造环境。创造者包含创造主体等，创造过程则是创造者产生创造性成果的整个阶段，创造成果包括产生新的想法、观点、创造性思维等，创造环境就是在整个创造过程中的环境或氛围。

根据高等院校教学团队的基本特征、创造力系统及影响因素，综合已有文献，笔者认为影响高等院校教学团队创造力建设的因素为有4个：

（一）团队任务及目标的建立

团队任务及目标特征是影响高等院校教学团队创造力的主要因素，教学团队的各项任务都是围绕共同的团队目标展开的。以提升团队创造力为导向的高等院校教学团队建设，其创造性目标的设立可以有效促进教师的专业能力提升，为教师之间的沟通交流及知识信息的交换提供较好的平台。

（二）团队结构

适当规模和恰当年龄的组成结构对教学团队创造力的产生有着重要影响。一个好的教学团队一般由具有较高教学水平、较高科研水平、较强组织协调能力和丰富经验的专家教授牵头，以教学骨干和普通成员为主体组成。这种具有恰当规模和年龄组成结构的团队在知识网络上具有互补性，每个成员都是团队的重要支点，其权利和责任都能得到恰当体现。合理的团队结构有利于团队凝聚力的产生，促进团队内部合作交流。

（三）团队激励

为使教学团队保持旺盛强大的生命力和吸引力并促进团队创造力的产生，必须在团队内部建立有效激励制度以调动团队成员的积极性。团队对表现特别突出或取得标志性成果的成员应给予奖励，并在某些评优评先方面优先考虑与重点推荐，从而在教学团队中营造一种健康的适度竞争氛围。同时，要注意薪酬激励的设计，鼓励团队培养良好的合作文化，增强团队成员的工作安全感，确保在基本教学工作开展的基础上，实现团队教学资源利用的最大化，激发创造性成果产生，促进团队目标实现。

（四）团队领导

团队领导是高等院校教学团队的核心与灵魂，其作为团队领头羊与指挥官，普遍被认为影响创新的重要因素之一。团队创造力的产生除必需的团队资源支持外，是否存在良好的团队氛围也极其重要。团队领导是团队良好创新氛围的关键，只有团队领导从战略角度制订适宜的目标计划，及时处理团队内外部的矛盾冲突，营造支持鼓励团队的环境，增强成员间的相互信任与协调配合，团队成员的内在创造力与创新动机才能被激发出来，团队才能达到系统化创新的目的，并在激烈的竞争中取得优势。

自国家重视高等院校教学质量工作以来，高等院校教学团队的建设越来越受到重视，但因发展不均衡等原因，目前我国高等院校教学团队建设仍存在一些问题。

教学团队建设是时代发展的产物，在国家发布"质量工程"以来逐渐受到重视，但因发展时间较短且经验不足，教学团队建设还较为薄弱。传统教学模式按照基础学科进行分类，缺乏信息的交流合作，学科之间没有较好融合，发展受到一定限制。随着现代社会的发展，对教学团队及所需人才的要求越来越高，传统教学模式一时难以跟上时代的步伐。只有教学团队成员的不断更新和调整，才能带来新的教育教学思想、理念和方法，当传统教学模式与这些新的教育教学理念出现理解偏差或价值观方面的不统一时，会阻碍教学团队建设，使高等院校教学团队建设难以顺利发展与提高。

好的教学团队建设与顺利发展，离不开政府的大力支持。教学团队建设需要大量资源条件来保证其运行的高效。自"质量工程"提出以来，高等院校团队建设问题逐渐受到重视，但其作为一种新型发展模式，与传统教学模式相比，政府对其扶持力度、资源支持等存在一定差距。

根据高等院校教学团队的建设目的，高等院校教学团队一般具有四个基本特征：一是统一明确的团队教学任务与目标。团队成员合作的动力来自统一明确的团队目标。高素质的教学团队以提升高等教育教学质量和促进教师专业知识技能发展为终极目标。二是适当的规模和互补的成员结构。适当的团队规模和优势互补的团队成员所构成的团队能够最大限度地激发团队潜能，促进团队创造力的发生。三是积极向上、敢于创新的鲜明团队精神，鲜明的团队精神对团队创造力和凝聚力的激发有一定的促进作用，也反映团队成员对团队的忠诚度。四是彼此信任、相互协作的团队氛围，良好的团队氛围所蕴含的互相学习、良性竞争等文化精髓能有效提高每位成员的心理满足感和工作成就感，激发团队成员的士气，实现相互沟通、相互信任和相互协调的团队运行效果。

三、基于团队创造力的高等院校教学团队建设模式与路径优化研究

为进一步提高教学团队的教学水平与质量，实现团队创造力的产出与提高，可从三个方面进行优化建设。

（一）在明确团队建设目的与内涵的基础上探索新的教学组织模式

高等院校教学团队建设是当今教学组织模式改革的重要表现之一。应当基于现今教学改革与发展现状，抓住重点与难点，明确团队建设的基本内涵和精准定位，使团队确立的具体、可操作的目标成为每个团队成员的内在思想意识，激发团队成员的创新思维，使其能围绕团队目标不断进行团队建设。这样，高等院校教学团队建设工作不仅能成为高等院校教学研究与改革的主要基地、教师教学合作与创新模式的示范点，还能成为孵化培养精品教师与精品创新课程的摇篮，成为学校教学质量改革与创新的突破点。此外，高等院校团队建设还需要打破现有的教学模式，探索新的教学组织模式，注重青年教师的培养，为团队建设的长远发展打下坚实基础。与此同时，通过鼓励青年老师不断接收吸取新的知识、参与多种教学经验的分享与交流、建立团队内部独特的知识网络等方式，进一步提高教师教学团队的教学水平和团队创造力。

（二）遴选具有创新意识的团队负责人以提高团队凝聚力

一个优秀的团队除具备良好的制度建设和明确的团队目标外，同时离不开团队负责人的指引与领导。好的团队负责人不仅是整个教学团队的组织者和规划者，还是教学团队整体发展方向的指引者和引领者，在很大程度上决定了团队的整体发展方向和建设质量。因此，进行教学团队建设的过程中要加强对团队负责人的遴选工作，不仅要注重其扎实的理论基础、实践操作、教学水平、科研能力等，还要注重考察其在团队管理、组织沟通、创新意识以及对教学团队建设等问题的理解与认识。

（三）创新团队文化以构建创新学习型教学团队

团队文化建设作为学校文化建设与教学团队自身文化精髓的重要组成部分，不仅有利于教学团队内部资源与文化的融合及教学团队成员之间凝聚力和感召力的增强，而且有利于高等院校文化体系的完善与创新。在当今知识迅速更新与扩充的时代，应要求教学团队不断加强自身学习型文化的建设，强化成员的主人翁意识，鼓励创新试错，支持成员的个

性化发展，在形成尊重民主的团队氛围的同时，积极拓宽团队沟通渠道，采取多样化的形式高效进行团队内部与外部的学术交流与协作。同时，通过不断共享学习消除团队内外部分歧，强化知识资源、信息资源共享，最大限度地提升资源利用率和团队创造力。

高等院校教学团队建设工作是高等教育质量工作的核心内容之一，具有重要的理论和现实意义。同时，高等院校教学团队作为一种创新学习型高等院校课程教学团体，在获得教育管理部门支持的基础上，统筹规划，科学发展，促进资源利用最大化，团队管理最优化，并在努力做好高等院校教学团队基础工作的同时，不断适应当代社会的发展趋势，创建具有更高创造力的高等院校教学团队。

第四章 高等院校辅导员队伍专业化建设的基本理论

第一节 高等院校辅导员队伍专业化建设的内涵

增强人才培养水平是高等院校内涵式发展的重点,引领人的全面发展以满足社会需要,是评价教育水平的重要标准。建设专业化辅导员队伍既是对"逐步增强工作水平与能力"的正面回答,也是保障辅导员职业发展所要遵循的规律。积极回应学生发展应具备的核心素养,是进一步建设专业化辅导员队伍的重要内涵和逻辑起点,也体现出辅导员队伍专业化的意义与价值。

2017 年,教育部明确提出,辅导员是实施大学生思政教育的重要力量,是大学生日常管理工作和思想政治教育指导者、实施者和组织者,担负着学生健康生活的朋友和成才成长的导师的职责,在高等院校完成立德树人使命中发挥着重要作用。

一、高等院校辅导员队伍专业化建设的内涵

什么叫专业化?桑德斯认为,专业化的标志性特征是服务的专业性。而弗雷德逊则基于动态立场层面,认为专业化的概念是一个过程。此过程中,被组织起来的职业需要深奥专门的才能和知识,以确保社会福利和工作的质量,进而得到执行工作的特定权利和排他性权利,同时要培训成员和对训练标准的控制,还有决定和评估工作怎样开展的权利。根据弗雷德逊的见解,专业化是从以前的普通职业逐步发展为专门职业。高等院校辅导员的专业化,就是辅导员在较长一段时期内受到专业系统的训练,积极掌握日常事务管理、道德教育、政治教育、思想教育等不同工作的专业技能和专业知识,应用专业伦理,达到相关标准,进而取得专业地位的一种过程。

就辅导员专业化主体层面而言,辅导员专业化要涵盖辅导员群体、个体专业化等维度。

个体专业化的内涵是辅导员个人通过专业组织受到专业知识和技能训练,具备专业理论和技能,逐步向合格教育工作者发展的过程。群体专业化的内涵是指进行辅导员工作的全部成员组成专业组织,制定与实施专业标准,为高等院校学生提供专业服务,促进辅导员工作从传统的职业化不断发展为专业化的过程。就辅导员专业化的实质而言,只有满足四点要求,才能达到辅导员群体专业化,即:进行过专业训练和专业教育的稳定性较强的辅导员队伍,其成员有能够在本专业领域开展研究的能力;其成员接受过与该专业背景知识有关的培训和教育;其成员进行的学生心理健康教育、职业能力培养、日常管理、思政教育等工作得到社会的认可与肯定,具有较高的声誉;有关政策、法规对此专业边界提供较为完善的保护。

二、高等院校辅导员队伍专业化建设的逻辑

大学生核心素养的主要特征。首先,社会性与共性。学生发展重点素养必须是社会群体所有成员都具备的素养,是所有学生适应社会发展和个人发展、得到成功生活所不能缺少的共同素养,关注的是过程本位导向和教育价值功能,以社会全体成员为对象。其次,发展性和未来性。学生以未来为方向发展核心素养,体现并满足未来社会发展提出的需求。另外,学生形成核心素养体现出阶段性和连续性,并不是一蹴而就的,而是在学习过程中逐步完善与发展的。最后,政治性和民族性。我国高等教育承担起培养全面发展人才,教育人才积极建设社会主义事业的伟大任务,一定要走正确政治方向。既为高等院校培养人才阐明政治要求,也对人才培养目标中如何培养学生核心素养制定出方向,积极培养学生的核心素养,以中华文化为基础,全面贯彻核心价值观的要求,以中国国情为立足点,体现中国特色。

鼓励学生积极认知发展需求,主动回应学生增强核心素养的要求,这是辅导员队伍实现专业化的重要逻辑起点。相关调查表明,大约22%的大学生觉得自己的"自我认知"很全面,约42%的学生对相关内容有所了解,约33%的学生知道"自我认知"理念却未进行全面了解。"自我认知"既涵盖大学生评价与认知客观、主观自我,也涵盖其作为主体评价与认知自身成长需求。现在大学生基本都是"95后",其存在较明显的"橄榄球现象",就是少数学生清晰地认知自己的发展需求和成长目标,清楚地知道自己需要发展哪类资源、培养哪些能力、成为哪种人、知道自己是谁;而少数学生恰恰相反,完全不清楚。

大多数学生根据计划进行学习，没有积极自主的设计和规划。根据"橄榄球现象"，各高等院校要构建起引导学生认知的机制与体系，科学引导并充分激发学生主动认知自我发展需求，并针对社会对人才的要求和高等院校人才培养目标，把学生发展需求细分为学生发展需具备的核心素养，以达到大学培养人才和社会需求供应链间实现"无缝对接"。教师是培养学生核心素养的重点环节，必须借助教师的专业化能力。高等院校辅导员是教师队伍的骨干力量和重要部分，其工作核心就是要调动学生发展自身的积极性与自主性，帮助学生积极形成自我认知，为学生自觉主动增强核心素养奠定基础条件，推动学生全面发展。

三、高等院校辅导员队伍专业化建设的路径

①引导育人方向。建设大学辅导员队伍要体现立德树人的本质，着重处理的是将"立德树人"落实在建设辅导员队伍的每一个环节中，从选择、聘请辅导员，到培养职业化和建设专业化，要一直遵守立德树人的主线。首先，要不断提高辅导员引领思想的作用，充分了解人生导师是目的、知心朋友是方法，进而达到对学生的帮助和引领。其次，对政策体系进行调整优化。2014 年教育部制定《高等学校辅导员职业能力标准（暂行）》，将高等院校辅导员设定为高级、中级、初级等级别，打破通过管理和科研方式评价辅导员的传统模式，但依旧只停留在认证能力资格这一层次上，需要在职业价值上不断突破，以响应高等院校"去行政化""职级改革"等。

②加强理论武装。高等院校辅导员是大学生思政教育的重要力量。尤其在复杂的专业背景下，如果缺少专业的理论武装，辅导员难以真懂真信，也无法体现立德树人的基本功能。同时，紧跟时代是马克思主义思想中的重要品质。目前马克思主义思想中国化理论进一步发展和完善。只有提高每个高等院校辅导员对社会主义的情感认同、理论认同、思想认同等，才能让该队伍在引领大学生思想时，绘出完美的"同心圆"。

③增加职业素养。高等院校辅导员队伍的整体职业素养是增强育人效能的重点，职业素养涵盖职业意识、职业作风、职业行为、职业道德、职业技能等，主要表现在品质方面和能力方面。就能力方面而言，要逐步增强辅导员的整体水平和综合能力。通过在职辅导员读博士学位计划、辅导员精品项目、辅导员职业知识、能力竞赛等方法增强辅导员职业水平，让更多辅导员拥有从业、乐业、敬业的能力和品质。对职业行为进行艺术化改造，采取"90后"青年学生容易接受的方式和语言来凝聚和引导他们。就品质方面而言，重

视职业道德教育,在辅导员群体中树立敬业乐岗的先进典型。对职业作风进行人格化处理,让辅导员在工作中富有感染力,充满温情。增强辅导员的职业忠诚度,通过"爱"的教育达到润物无声的育人效果。

④重视专业建设。近几年,高等院校辅导员队伍建设更重视职业化发展和专业化建设,让其发展成合格的辅导员。目前,辅导员队伍在数量达到一定规模后,就要重视内涵式发展。首先,实践与理论妥善结合。历经多年探索,我国思政教育获得快速发展,思政教育已建立起系统的工作方法,但尚未全面体现出理论在工作中催化剂、助推器等的作用,和辅导员队伍没有掌握最新研究成果、专业化水平低等有重要关系。其次,增加辅导员专业化。辅导员开展高等院校学生思政教育要不断向着专业性方向前进。高等院校不能让研究思政教育方法、理论和学生思政教育实践各自为政,主阵地和主渠道要相辅相成,不能各自为主。现在辅导员工作没有全面体现出育人功能,原因在于很多辅导员没有专业建设内涵,难以了解掌握思政教育的规律,既难以体现立德树人的作用,也在某种程度上加重"学官"的不良育人风气。所以,高等院校辅导员队伍必须重视专业建设,才能成为学生生活心理关怀者、人生发展导航者、专业学习指导者、思想问题解惑者等。此举既是对学生干部的培养,也能有效处理学生生活、学习、成长、心理、思想、工作等问题,为大学生个人全面发展和身体健康成长建立起优良环境。

第二节　高等院校辅导员队伍专业化建设若干问题

当前,高等院校在辅导员专业化建设上存在基础不够夯实、发展目标模糊、发展机制需要革新等问题。本节提出应把握辅导员角色、专业化标准以及专业化的现实意义,进一步完善专业化队伍建设机制,提升辅导员专业化认同,探索专业化发展路径建设,以此发挥专业化对推动辅导员队伍建设、提升队伍整体能力等的积极导向作用。

加强高等院校辅导员队伍建设,努力培养造就一支师德高尚、业务精湛、结构合理、充满活力的高素质专业化的辅导员队伍是高等院校全面贯彻党的教育方针、有效落实立德树人任务、推动高等院校内涵发展的一项具有重要意义的工作。当前,辅导员队伍专业化建设进入新的发展阶段,准确把握辅导员专业化发展面临的问题和挑战,对新形势下加强高等院校辅导员队伍建设具有重要的现实意义。

一、高等院校辅导员队伍专业化的内涵解构

①辅导员的角色定位。我国高等院校"辅导员"最初是由"政治辅导员"演变而来的。1953 年国家在高等院校设立辅导员制度，政治辅导员主要从事政治工作，是学生的"政治引路人"。改革开放以后，国家加强和改进大学生思想政治工作，将辅导员的身份规定为"既是党的政治工作队伍的一部分，又是师资队伍的一部分"，并从编制上给予了辅导员教师身份的制度认可。20 世纪 90 年代后，随着高等教育的大众化、社会需求等的多元化、大学生发展愿望的多元化以及出现问题的多样化，对辅导员的角色也提出了新的要求。2004 年以来，国家出台《关于进一步加强和改进大学生思想政治教育的意见》等系列文件，辅导员职业地位的重要性得以明确，国家辅导员职业能力标准的出台，使辅导员队伍专业化建设成为趋势。2016 年 12 月，全国高等院校思想政治工作会议召开以及中共中央国务院 31 号发布，进一步指明辅导员是高等院校思想政治工作队伍中的一支专门力量，是大学生思想政治教育工作的一线教师，担负着高等院校学生思想政治工作中的重要任务。辅导员首要角色是当好大学生政治思想的引领者，同时还要当好大学生成长成才的助力者，当好大学生健康安全的守护者。

②专业化的标准。教育学家顾明远有一个观点：社会职业有一条铁的规律，即：只有专业化才有社会地位，才能受到社会的尊重。可见，专业化是与职业相依存的，职业场景是关键影响因子。辅导员职业场景有辅导员个体和群体、学生及社会、高等院校及政府政策环境等方面。辅导员专业化既表现为辅导员个体专业化水平不断提高的过程，也表现为辅导员职业群体专业化建设不断深化的过程。同时，体现在学生和社会对其专业属性的认可和认同上，以及高等院校和政府政策环境的不断优化上。

③专业标准是社会职业专业化的标志和保障。我国现行的辅导员职业能力标准并非严格意义上的专业标准。按照国际通行的专业化标准，专业标准通常涵盖核心技能、专业能力、理论规范等方面。因此，我国高等院校辅导员队伍的专业化衡量指标应从大学生思想政治教育工作出发，体现在专业知识、专业伦理、专业服务、专业权利等方面。

④辅导员队伍专业化的现实意义。当前，加强和改进高等院校思想政治工作是一项重大的政治任务和战略工程。新时代高等院校思想政治工作要以新的发展理念为引领。根据《高等院校思想政治工作质量提升工程》，按照立标准、建机制、提质量、促发展的总体原

则，着力构建"全员、全方位、全过程"的"大思想政治"育人格局。做好思想政治工作，队伍是关键，是"质量工程"实施的"最后一公里"，是"质量工程"是否有"质量"的关键环节。

推动队伍的专业化发展，提升辅导员队伍理论素养、专业能力和实践技能，使队伍需要具备多元的知识储备和能力，既是准确把握思想政治工作规律、教书育人规律和学生成长成才规律的内在要求，也是高等院校打造全员、全方位、全过程育人大格局，深入推进高等院校思想政治工作质量提升工程有效实施的必要内容。

二、高等院校辅导员队伍专业化建设中的问题解析

专业化基础不够夯实。专业化既是对辅导员队伍整体，也是对辅导员个体的要求。专业化必须有良好的人才基础做保障。首先，需要一支素质精良、有专业发展能力基础的辅导员团队。其次，需要持续的理论学习、实践锻炼和培训提升。最后，需要有良好的人才机制和制度做保障。目前高等院校还存在以下几方面的问题。

①选聘效率不高，专业化人才基础薄弱。相比较专业教师而言岗位门槛不高，辅导员招聘过程中并没有很强的专业能力指向性，选拔不够科学，许多辅导员所学专业与思想政治教育相关度不高，实际工作状况是"专职不专业"。尽管各方高度重视辅导员的在职培训，形成了各级各类的培训体系，但也只是专题性、技能型等的学习，辅导员想要获取系统性学科知识并不易。

②队伍稳定性差，专业化发展不具有优先性。双线晋升是辅导员队伍建设的政策支持和保障，为队伍提供多条职业生涯通道。事实上，辅导员是高等院校党政管理干部的主要来源，导致辅导员队伍有比较高的流动率，无形中导致"专业化"发展成为"管理岗位"的后备选择，很多辅导员不会主动将辅导员的岗位当作一项终身事业，转换职业的意愿强烈。高流动性反向影响育人工作，使大学生思想政治教育缺乏整体性和连续性，整体队伍的实践积淀和工作能力提升间断。

（③人力资源制度缺少支撑性，专业化缺少保障。当前许多高等院校辅导员队伍建设的相关制度是基于一般性的职业化要求而设计的，覆盖面广，操作性强，能落到实处，但是相对专业化的要求缺少精准度，不能回答"谁可以专业化""专业化人才如何发挥作用""专业化如何再进步"等问题，亦即专业人才的选拔、使用、培养等机制。在辅导员

的生涯发展与专业化之间架设一条通道，形成科学的选拔机制，并在岗位考核中平衡带班任务与思想政治教育等专业性的绩效，既能体现专业性、综合性等要求，又能体现实践性特征，目前这种探索刚刚起步。同样，在培养机制上，与专业化特点相契合的深度培养、培训体系以及专业标准建设也刚刚起步。

④专业化与职业化混同，目标指向不明确。"职业化""专业化""专家化"是论及辅导员队伍建设时经常使用的概念，这三个概念的层次不同，分别是在职业层面、专业层面、学术层面的定位。目标指向也有差异，职业化要求辅导员工作是一项可以终身从事的事业，并具备一定的标准和要求；专业化要求辅导员术业有专攻，能运用专业技能和专业知识，以专业性的思维谋划全局、开展工作；专家化要求建立辅导员岗位的学术形象，提升学术与理论的水平。落实在具体工作中，职业化是基础，专业化是路径，专家化是目标。但在实际工作中，"专业化"与"职业化""专家化"常常没有区分，如何平衡"多与专"，促使辅导员工作在具有高度通用性的同时确立其专业性，从目标到路径都亟须构建。

⑤专业建设方向不明确，缺乏路径依托。辅导员岗位的特性，决定了辅导员职业内容具有综合性与专业性并存的特征，兼顾教育、管理、服务等方面，涉及九个具体的工作领域。而当前高等院校内部、社会、学生家长等对辅导员工作的广泛认知是"非专业"综合学生事务管理者和思想政治工作者，对其工作内容中的"专业"特性并没有一个清晰的概念。辅导员群体对"专业化"的概念也模糊不清，现行的职业能力标准对职业内涵虽有清晰界定，确定了可能的专业方向，但实际岗位承担的实务职责重大与专业缺乏系统学科依托的现状，使他们并不主动探索专业建设的可能方向。

⑥知识体系缺少重构，面临职业素能提升困境。知识体系是一个职业专业化进程中的核心要素，也是构成职业素能的核心要素。从现阶段的情况来看，辅导员知识体系涉及思想政治教育学、政治学、教育学、心理学、青年学、党建知识、团建知识等诸多学科领域。而作为兼顾教育、管理、咨询、研究等复杂劳动于一身的辅导员，在为大量学生服务的同时，能维持多领域、浅层次的知识更替已属不易。《辅导员职业能力标准（暂行）》提出，辅导员职业要建立相对独立的知识体系，如何整合思想政治教育学科与其他学科和知识领域的内容，使其形成系统的知识体系对辅导员培训课程开发、专业学位学习等有重要现实意义，当前尚缺乏系统研究。

⑦专业话语权受制于行政权威，专业自主受到限制。教师是否拥有相当程度的自主决

策权利，是衡量教师专业化水平的一项重要指标。就目前高等院校管理现状而言，辅导员处于严谨的科层体系中，在涉及学生教育管理有关问题的决策过程中，作为一线人员，参与度低，缺乏话语权；学校几乎所有职能部门都可以向辅导员发号施令，辅导员处在一种被多重管理的状态，作为基层管理者，要经常层层请示汇报，工作缺乏自主权。辅导员事实上已成为学校管理结构的最底层。这种状况，使专业没有存在感，更勿论重要性，自然也就失去了吸引力。

⑧专业化驱动合力不足，辅导员缺乏内在动力。专业化发展既有来自政策、制度建设等的外部推力，也有来自自身发展的内在驱动力。但是，当前这两种力量尚不能形成合力。外部的推力缺少持续性、保障性等，更多的是泛泛要求，没有转变为长期的规范性的机制，专业化如何体现、专业地位如何确定等没有明确范式。从个体角度来看，辅导员工作的周期性、工作对象的变动性、岗位职责的宽泛性、工作内容的交织性等特点，使辅导员最初的职业发展非常迅速，能在比较短的时间内达到职业的中高位水平，随着经验以及资历的加深，即使有足够能力胜任更高层级的职位，但受高级职数的限制，职业生涯往上的路径狭隘，普遍会遭遇到发展停滞的尴尬处境。

三、推动辅导员队伍专业化建设的策略思考

（一）完善专业化队伍建设机制

①完善辅导员选聘机制，严格把好"入口关"。高等院校选拔要结合队伍发展定位、队伍结构、专业化人才等的需要，将专业互补性、职业归属感、梯队层次需要等作为选人用人的原则。

②完善培养机制，分层分类提供发展指导。专业化是长期的过程，高等院校应在尊重辅导员专业化发展的选择基础上，制定辅导员阶段性培养方案和具体支持性举措，分层分类培养。同时，提升辅导员将个人发展融入单位和学校事业发展，走专业化发展道路的主动意识和信心。

③规范做好辅导员梯队建设。充分整合全校辅导员队伍资源，通过项目制订或任务方式组建工作团队、工作室等，赋予其专业话语权，激发辅导员队伍的专业化互助自觉。对专业化发展方向性明确的辅导员，需提供专业化的学科理论、政策理论、实践锻炼等支持，帮助他们搭建各种展示平台和交流平台，进一步畅通专业化发展的上升路径，使他们能够

有机会成为某个领域的专家，并能通过适当的方式发挥他们在辅导员工作实践和研究中的引领作用。

（二）提升辅导员专业化认同

①优化辅导员工作机制。重新界定辅导员的工作职责，创新管理方式，把辅导员从行政性、事务性的工作中剥离出来，让辅导员有机会实现专业化转型。推动高等院校学生事务管理革新，实行扁平化管理运行机制，学校层面设立各种专业管理和服务的机构，让辅导员根据专业化发展的优势进入各个机构，真正将辅导员整合到专业的业务板块。

②构建辅导员专业化发展的考核体系。不断完善发展辅导员"双线晋升"机制，注重分级分类的专业化发展，让具有"专家化"优势的辅导员能发挥学科带头人的作用，让在专业领域如"心理学""教育学"有所深入研究的扩充至教师队伍中，充分发挥辅导员在"教育者"身份上的影响力。同时，在考核上，要人性化地制定考核指标，针对不同梯队的辅导员根据实际情况从工作绩效和研究成果进行双线考核，探索有效的激励机制，提升辅导员专业化发展的动力。

③注重辅导员职业能力精进。学校应采取各种措施为辅导员的学习与进修创造条件，构建分层次、多形式的培训进修体系，提供学术交流、实践锻炼、教学科研等机会，激发辅导员投身专业发展的热情。进一步畅通职称职级渠道，不断提高辅导员的思想政治素质和业务素质的同时，提高辅导员群体的专业化认同感。

（三）探索专业化发展路径建设

①完善辅导员专业化的专业标准。专业标准是引领专业化发展的纲领性文件。当前，国家建立了辅导员职业能力标准。这个标准体现了辅导员队伍建设的发展要求，具有广泛的适用性，但是对专业化发展的指引性不强，不能全面体现专业化和职业化的区分度。高等院校应在现有职业能力的基础上，进一步完善对应专业化发展的标准体系，确定一个辅导员专业化发展的逻辑起点，从专业知识和认知、专业技能和实践、专业精神和理念等层面，形成综合建设指南。

②建立专业能力评价机制。高等院校应探索体现专业化要求的能力评价体系，根据辅导员在专业领域和专业技能上的差异，制定不同的考核方案和考核指标，强化专业化考核，同时平衡好辅导员专业化的要求和岗位职责的要求，不能因为专业化而弱化岗位责任的考

察，也不能用岗位考核来代替专业化绩效的评估。要强化考核结果运用，可将专业化考核的结果作为辅导员晋升、培养教育、管理监督、激励约束等的参考依据。

③构建独特的学科知识体系。建立与辅导员职业相适应的知识体系，是辅导员专业化教育提供坚实的学科支撑的必由之路。要依托思想政治教育学科，立足辅导员工作特性，从学科建设的角度来凝聚与锤炼辅导员专业研究方向，在学科内容上，要融合教育学、心理学、管理学、法学等其他学科知识，以此形成专业知识体系的基本概念、研究范畴、话语体系、研究方法等关键理论问题。同时，立足于辅导员工作的实践性，重视辅导员所具有的知识，归纳形成实践性知识的概念、表征形式、生成机制、习得方式、传播方式等，形成相对独立稳定的学科化理论，为辅导员专业发展提供坚实的学科与理论支撑。

第三节　高等院校辅导员队伍专业化的现实困境

专业化是高等院校辅导员队伍建设的重要内涵之一。当前，高等院校辅导员队伍专业化仍面临着以下困境：行政化思维下辅导员主体性价值消解，经验依赖模式下专（职）而不专（业），转岗流动机制下辅导员队伍结构失衡，部门藩篱下辅导员群体间合作缺失。突破专业化发展的现实困境，实现辅导员专业化从被动走向主动，加强辅导员队伍建设，提升思想政治教育的质量，需要国家、社会、高等院校和辅导员的协同联动和合力助推。

在国际国内环境日新月异、现代大学制度日臻完善、高等院校学生规模与结构不断变化的新形势下，高等院校辅导员队伍专业化话题不可回避。高等院校辅导员队伍的专业化进程，仍有走不出的现实困境，交互影响着辅导员群体的成长和发展。

一、行政化思维下辅导员主体性价值的消解

高等院校辅导员队伍专业化是辅导员群体和个体不断实现其专业特性的过程，既表现为阶段性发展目标，也预示着最终的发展结果，是一个持续不断的过程。在这个过程中，无论群体还是个体，都是专业特性实现的主体，其能动性和主体性的发挥决定着专业化的程度和方向。辅导员游离于高等院校行政序列和教师序列之间，面对行政权力和学术权力的博弈，主体性价值常常被消解于无形之中：教育、管理和服务三重角色在繁杂的行政性实务中失衡，对引导学生思想、关注学生心理、促进学生成长等的"细活"没有"慢工"，

作为思想政治教育骨干力量的责任和使命成为"呐喊";高等院校行政部门制订的辅导员培训计划或开设的培训课程,往往立足于辅导员应该"完成什么",而不是辅导员真正"需要什么",缺少个性的专业化成长方案,行政化思维下精心设计的培训活动不免流于形式。这种"在专业培训和成长中的被动身份",让辅导员停滞于"被专业化"状态,出于自我发展的自我抉择意识渐趋弱化。此外,在高等院校行政化外力驱动下,外行评价制度盛行,出现了目标管理或目标激励等管理手段,使辅导员的评价和考核过于注重结果、偏重量化、忽视过程等,鲜有形成性的过程性评价和同行评议,遮蔽着辅导员主体性价值的发挥和实现。

二、经验依赖模式下的专(职)而不专(业)

目前,国内高等院校普遍按照教育部规定的"总体师生比不低于1:200的比例"设置专职辅导员岗位,配备专职辅导员,使其作为学生思想政治工作的一支专门稳定的力量而存在。在《高等学校辅导员职业能力标准》(2014)指导下,专职辅导员在具体的学生事务管理领域有了相对明确的标准和要求,但因经验依赖而导致的"专(职)而不专(业)"局面仍未被打破。从招聘选拔来看,大多数高等院校设定的"广泛性标准"使得专职辅导员专业背景多样化,缺少"思想政治教育工作相关学科的宽口径知识储备"和专业训练,成为一门谁都能干的职业。走上工作岗位后,他们往往凭着激情和热情、靠着自身经验或前辈的口耳相传来摸索各项学生事务。短期内,维持学生安全、开展常规性学生管理工作等基本没有问题,但是借助专业理论知识、依靠专业技能和方法,持续性开展专业的大学生思想政治教育却力不从心,只能从头学起。面对大量学生管理事务,辅导员的精力毕竟有限,能够潜心系统化学习一门,甚至几门新的理论知识并积极开展实践的只在少数,大多辅导员仍停留在经验依赖的境地。而对于有一定工作年限的专职辅导员,因为职业倦怠、家庭或社会认同等,在新媒体繁盛、"互联网+"盛行、学分制普及、异地办学模式推广、"慕课"来袭、"00后"学生踏入大学校门等新形势下,未能敏锐地察觉到育人环境的变化,不能及时总结或体系化已有的学生工作经验,而是因循传统,忽视教育环境和教育对象的实际,导致思想政治教育工作逐渐缺乏针对性、有效性和创新性。在经验依赖模式下,专职辅导员在学生工作领域中本应独有的专业话语权日渐微弱。

三、转岗流动机制下辅导员队伍结构的失衡

队伍"稳定"是专业化的前提和保障。长期以来，高等院校辅导员岗位较大的流动性不置可否。早在 2009 年，就有学者总结出辅导员的四种流动途径，而当下"转岗流动"依旧是多数辅导员职业发展的不二选择。面对政策视野内"双重身份"在高等院校实践中的避重就轻、个人职业生涯发展面临的瓶颈，辅导员常常抱着"先干几年""满年限就读博转岗走专任教师系列"的心态在高等院校生存。"招得进人，留不住人"的尴尬局面从未得到改观，高等院校辅导员队伍结构渐趋失衡。一般而言，一个团队如果自身存在着明显的梯度，往往能够保持和促进团队成员间的合作、交流和竞争。而在稍有学生工作资历的辅导员"老手"纷纷转岗流动的情况下，"新手"重新入场，他们既无法及时获取前辈的指导和帮带，与"老手"之间切磋和较量的机会也逐渐缺失，大学生思想政治教育实践无法在竞争中迸发创新的火花，团队文化的传承更无从谈起，这些影响着辅导员队伍长久的生命力和专业化进程。在"辅导员工作目前仍然只是高等院校学生管理工作中一个阶段性岗位，而不是一种可以让人终其一生的职业"的症结下，限制辅导员的转岗流动显然不是治病良方，仍需要在专业化进程中探索稳定平衡辅导员队伍结构的科学路径。

四、部门藩篱下辅导员群体间合作的缺失

在学校和院（系）双重管理实践中，院（系）党委（党总支）直接领导和管理辅导员，辅导员多被划分在行政管理人员序列下，日常交流合作更多集中在本部门其他辅导员同事。就连与同一院（系）的其他专任教师之间的接触十分有限，最多可能就是在涉及班级学生选课修课、成绩认定等事务方面有交集。双方基于学生思想政治教育核心问题的探讨并不频繁，且辅导员以学生工作者视角参与教育教学研究的合作少之又少。院（系）之间，因为部门的藩篱，辅导员群体间的合作毕竟有限，彼此多拘囿于学院框架内，没有形成合作的团体。即使有，也只是依赖于辅导员个体间的人际交往而形成的松散联系，基于组织的群体性交往较少。此外，在高等院校的学生工作管理部门视野中，辅导员的日常管理是依托学院进行的，只有在日常行政性事务的上传下达，或在选聘、培训、考核等重要事项上，才会进行统筹安排。应该说，学生工作部门在促进不同院（系）辅导员群体进行联动方面

是有责任和义务的，也是有资源和平台的。但从实际来看，这种"联动"是有限的，主要形式是依托校内外各种任职培训而聚集起来自不同院（系）的辅导员进行学习和交流，出于整合校内各类学科资源、聚集更多辅导员广泛参与的定期、有组织的合作机制并不健全。虽有不定期的座谈交流或学习能够暂时为辅导员群体架构起学习交流的平台，但因不成规模，无法强化深层次的合作，久而久之也就"没有下文"。辅导员队伍专业化是一场"大合唱"，需要建立辅导员之间协同合作的良性生态环境，构建辅导员可以信赖和依赖的学习共同体。以团队的形式，辅导员能够借鉴学习学生工作实践中的优秀案例，开展个性或普遍的思想政治教育问题研讨，汲取同仁的思想和智慧。

高等院校辅导员队伍专业化面临的现实困境，也正是其机遇和挑战所在。伴随着国家新修订的《普通高等院校辅导员队伍建设规定》施行，以及《高等院校思想政治工作质量提升工程实施纲要》的出台，高等院校辅导员的专业化程度不断提高。高等院校辅导员作为专业化的主体，应积极实现从被动专业化到主动专业化的转变，真正发挥在高等院校思想政治教育重要使命中的责任担当。不置可否，"专业化"并非一己之力所能完成的，仍需要国家、社会、高等院校和辅导员协同联动。通过顶层设计的完善，政策的支持优化，高等院校"因校制宜"建设方案的合理化，合力助推高等院校辅导员专业化进程。

第四节　高等院校辅导员队伍专业化建设路径

辅导员队伍作为高等院校学生工作和高等院校教师的重要组成部分，与学生的成长成才息息相关，在学生良好品德的养成、专业知识的获取、创新能力的培养等方面发挥着举足轻重的作用。本节深入分析辅导员队伍专业化建设的必然性以及自身特点，对辅导员队伍专业化建设路径提出完善机制、搭建平台、提升素质等合理建议。

辅导员队伍忠于职守，勤于工作，甘于奉献，在落实"立德树人"根本任务、培养社会主义建设者和接班人中发挥着至关重要的作用，可以说不辱使命，不负众望。与此同时，受制于主客观条件、软硬件设施等因素的影响，辅导员队伍发展也面临一些困境。

一、辅导员队伍专业化建设势在必行

（一）高等教育的要求越来越高

2000年7月，教育部党组印发《关于进一步加强高等学校学生思想政治工作队伍建设的若干意见》，提出辅导员队伍专业化的问题。2004年10月，中共中央、国务院颁发《中共中央国务院关于进一步加强和改进大学生思想政治教育的意见》，强调"努力使辅导员、班主任队伍成为思想政治教育方面的专家"。2006年，教育部印发《普通高等学校辅导员队伍建设规定》，鼓励和支持辅导员"向职业化、专家化方向发展"。2014年，教育部关于印发《高等学校辅导员职业能力标准（暂行）》，提出"推动高等院校辅导员队伍专业化、职业化发展"。2017年10月，《普通高等学校辅导员队伍建设规定》颁布实施，强调切实加强高等学校辅导员队伍专业化、职业化建设"。可见，随着我国高等教育的推进和改革的深入，辅导员队伍只有进行专业化建设，才能胜任高等教育发展的需要。

（二）学生工作的变化越来越快

自高等教育进入大众化阶段后，接受高等教育的青年学生越来越多，传统上以"班级"为单位的概念日趋淡化，学分制、选修制、学分银行等学习制度日渐盛行，书院制、大类培养等先进理念越来越被认可和接受，微信、微博等新媒体、自媒体等的发展加快了学生工作的动态变化，学生工作已从传统的"思想政治工作"演变为以"教育、管理、服务"为主要内容和基本职能的综合性育人工程，给辅导员工作提出了一定挑战，导致学生工作不仅面广量大，而且难度增加。

（三）学生个体的差异越来越大

在现代高等教育模式下，学生更加关注自身的发展与成长，更加注重提升自身的能力和品格，更加追求"个性"和"自我"。作为"教育消费者"，他们需要学校提供能够使其满意的教育、管理和服务。与此同时，受各种因素的交织影响，部分学生缺乏坚定的理想和信念，面临着巨大的学习压力、就业压力等，也面临着人际关系、友谊爱情等方面的问题，以及由此衍生的心理问题。辅导员队伍作为最基层的学生管理工作者，身处一线，有引导和调节学生健康、科学、和谐发展的义务。

（四）队伍发展的呼声越来越强

不可否认的是，在很多高等院校，辅导员队伍的地位低于专业教师，学生工作被认为人人都可以做的工作，这也也成为阻碍辅导员队伍发展的一个重要因素，一定程度上影响了辅导员队伍的发展。在有些高等院校，部分辅导员已从事该工作十几年之久，发展出路成为困扰他们的又一大问题。基于这样的现实情境，辅导员队伍要求发展的呼声越来越强烈。

二、辅导员队伍专业化建设的自身制约

辅导员队伍专业化建设也存在一定的制约因素，主要表现在：

（一）工作能力较强，科研学术较弱

辅导员队伍的来源大多是比较优秀的硕士研究生，部分甚至是博士研究生，具有过硬的政治素质、较强的组织能力、较高的处理复杂事务水平等。在实际工作中，上述能力也在实践中得到进一步锻炼和加强。同时，辅导员忙于烦琐的事务性工作，缺乏科研能力的培训，难以从中抽出时间钻研学习，对科研学术的锻炼和培养相对就显得不足。在辅导员职称结构中，呈现"初级、中级职称多，高级职称少"的特点，辅导员发表的学术论文，也呈现"相关研究缺乏深度、没有实质性理论突破"的特点。

（二）事务工作较多，角色定位较杂

辅导员工作比较繁重，工作时间没有上下班之分，随时处于紧张的待命状态，随时准备处置可能的突发情况，压力大，责任重，强度高。在实际工作中，凡是涉及学生工作，一般都会要求通过辅导员来落实，导致辅导员队伍工作量较大。此外，在烦琐的工作中，辅导员还承担着诸党建组织员、工会小组长、心理辅导员等众多角色，角色定位较为复杂。

（三）岗位认同较低，职业倦怠较重

在众人看来，辅导员队伍是"保姆"，从事的都是琐碎的学生事务，层次不高。长期的辅导员工作岗位使辅导员队伍产生疲劳感、枯燥感和无力感，导致辅导员工作缺乏激情，工作效率下降，职业成就感和荣誉感降低，加之职业可持续发展现状、职称评审机制等客观因素限制，辅导员队伍职业倦怠现象较重，把辅导员岗位当作"过渡"和"跳板"也成为部分辅导员的想法。

三、辅导员队伍专业化建设的路径研究

笔者认为，辅导员队伍专业化建设，侧重点在"化"。辅导员队伍专业化建设是一个"化"的过程，是一个逐步发展的动态过程，应循序渐进，稳步推进，倡导辅导员工作由经验型向科学型转变，由经验型向实践研究型转变，倡导辅导员成为"实践家"，最终促成辅导员岗位成为具有专业性的专门职业。

（一）完善体制机制是辅导员队伍专业化建设的保障

辅导员队伍既是管理人员，又是专任教师；辅导员队伍既归属所在学院管理，又归属学生工作部（处）管理，角色定位不清、管理体制不顺。在专业化建设进程中，需要进一步理顺辅导员队伍的双重领导体制，建立健全相关体制机制，需要各部门高度重视、积极支持和参与辅导员队伍专业化建设工作，统筹规划，齐抓共管，努力营造上下齐心关爱辅导员队伍专业化建设的好风气。

（二）提高自身素质是辅导员队伍专业化建设的前提

一是强化专业化的职业理念。专业化的职业理念是建立良好师生关系的基础，是学生工作专业化的保障。高等院校辅导员工作不仅是一份职业，更是涉及国家繁荣富强的神圣事业。辅导员队伍必须坚持以德育人、以身树人、以情动人、以爱感人，面向所有学生，覆盖所有阵地，为培养社会主义人才贡献力量。

二是强化专业化的职业使命。辅导员是最贴近学生的老师，对学生的影响更直接、更有效。因此，辅导员队伍必须具备职业使命感和归属感，以自己良好的专业素养、健全的人格魅力和无私的奉献精神教育、管理、服务学生。要加强对学生工作基本理论和基本规律的科学研究，在具体学生工作中进一步总结和提升对学生工作规律的认识，并利用总结和提升的学生规律反过来指导学生工作实践，引领学生成为掌握科学知识、具有创新精神、身心双健、和谐发展的人才。

（三）培养专业人才是辅导员队伍专业化建设的关键

一是构建专业化的培养体系。要根据学生工作实际，坚持以学促培养、以赛促培养、以师促培养等原则，制订辅导员队伍培养规划，健全日常学习、专题讨论、理论修养、校际交流、学习考察、技能培训、在职进修等全方位立体化的辅导员队伍培训体系。

二是注重专业化的科研训练。通过举办辅导员沙龙、辅导员职业能力大赛、学生工作例会等形式探讨学生工作实际问题，为辅导员队伍提供学习、交流、实践、发展等平台，提升辅导员队伍解决具体实际工作的能力与水平；以促进"学研相长"为导向，鼓励和支持辅导员队伍开展形势与政策、学生党课、就业指导等方面的教学，通过设立专项课题、提供专项资金等方式鼓励辅导员队伍结合工作实际开展学术研究，不断提高辅导员队伍从事学生工作的理论水平和综合素养。与此同时，立足辅导员队伍专业化发展的方向，对辅导员队伍进行统一管理、分类指导、专项培训等，引导辅导员考取"心理咨询师""人力资源师""职业指导师"等技能认证证书和行业从业资格证书，提高辅导员队伍专业化素质。此外，还要实施专业化的强心计划。以"心理强心"为目的，通过"心理健康周"和"心理健康月"系列活动，帮助辅导员队伍释放压力、舒缓紧绷的神经。

（四）搭建专业平台是辅导员队伍专业化建设的重点

一是搭建专业化的激励保障平台。辅导员队伍处在学生工作的第一线，事情琐碎，任务繁重，责任重大，高等院校应根据学生工作的特点，在办公条件、职称晋升、岗位津贴等政策和待遇方面给予适当倾斜。"他山之石，可以攻玉。"例如，华中科技大学在岗位设置与聘任时，按照3%的比例为辅导员设立教授岗，按照25%的比例为辅导员设立副教授岗。上海大学设立辅导员职级制，将辅导员职级划分为5级，其中5级辅导员等同于博士导师级别与待遇，4级辅导员相当于教授、硕士师导师级别并享受同等待遇，3级辅导员相当于副教授级别并享受同等待遇。

二是搭建专业化评价考核平台。应通过采取"定性与定量结合""日常与年终结合""自评与他评结合"等方式，对辅导员队伍进行全方位、多渠道的评价考核。秉持"公开透明，客观公正"的原则，从"德、能、勤、绩、廉"等方面进行考核，注重工作实效，考核工作实绩，强化考核"风向标"和"指挥棒"的作用，以达到促进辅导员队伍发展、提高学生工作满意度的目的。要建立目标任务考核和管理机制，对辅导员各方面的工作做出明确要求，通过学生测评、公开述职、家长反馈等形式，做到考核结果与其职务晋升、工资待遇、评奖评优等挂钩，以期通过科学的考核评价，不断持续激发辅导员队伍的生机和活力。

辅导员队伍专业化建设有利于辅导员队伍工作能力的提高、工作实效的增强等，最终有利于人才培养目标的实现。加强辅导员队伍专业化建设是一个长期的系统性工程，既存在有利条件，也存在不少困难和制约条件，不可能一蹴而就。只有各个方面相互支持和配合，辅导员队伍专业化建设才能最终得以实现，辅导员队伍才能实现"工作有劲头、生活有盼头、前景有奔头"的目标。

第五节　高等院校辅导员队伍专业化与职业化建设

辅导员作为高等院校立德树人的一线力量，作为大学生成长成才的直接思想引领者，必须提升这支队伍整体的职业化、专业化水平，才能更好地回答教育"为谁培养人、培养什么人、怎样培养人"这个核心问题。本节分析辅导员队伍建设现状，指出其发展中面临的挑战，提出具体的提升路径。

随着中华民族伟大复兴征程不断迈进，"五位一体"总体布局实施，培养伟大事业一代又一代合格接班人提出了更高要求。高等教育肩负着更重大的使命，而辅导员作为高等院校立德树人一线力量，其工作水平和效果对育人成效有很大影响。打造职业化、专业化的高等院校辅导员队伍工作显得非常重要与迫切。习近平总书记已经多次在会议上强调加强和改进大学生思想政治工作的重大意义，各地区高等院校也根据国家颁布的各项指导文件展开了多方位、多层次的工作。目前我国辅导员队伍建设在制度管理等方面取得了长足发展。

一、连续多项政策支持与指引

高等院校辅导员队伍建设与大学生培养息息相关，当前高等院校辅导员队伍的专业化和职业化建设已日益受到党和国家的高度关注。自2004年以来，政府相关部门多次出台颁布相应的指导政策，力图从规范要求、思想建设、顶层设计等多个方面、多角度地指导高等院校辅导员队伍建设和提供政策导向。近年来，在国家政策的支持下，多元化的辅导员建设通道与平台如雨后春笋般发展起来，极大促进了高等院校辅导员队伍的建设。这些政策不断明晰高等院校辅导员的职业概念，充分肯定了高等院校辅导员工作的重要意义，为打造专业化和职业化的高等院校辅导员队伍打开了全新局面，拓展了发展思路。

（一）建立并逐步完善系统的制度体系

教育部于2006年出台了《普通高等学校辅导员队伍建设规定》，规定了高等院校辅导员工作的相关要求，指明其工作具体发展方向的同时，通过具体规定高等院校辅导员的配置、选聘、管理、考核、激励等内容，逐步形成了系统的制度体系。一方面，具体的制度要求很好地保障了辅导员队伍的规范；另一方面，各高等院校可以结合自身的实际发展情况，根据规定制定具体的考核激励政策等，大力促进了辅导员队伍的专业化与职业化发展。与此同时，各地区各高等院校各具特色的制度发展，也促进了高等院校人事制度的优化改革，或果显著。

（二）构建系列发展平台，促进专业化发展

教育部连续颁布多项文件督促构建多层次、多元化的高等院校辅导员发展平台。系列发展平台的构建相对符合高等院校辅导员的实际工作特点，为其提供了专业技术职务评聘和晋升通道。高等院校进一步结合实际制定了切实可行的实施细则，积极构建全国性和地区性的培训基地，组织进行专业化培训、国内外进修、学历学位提升培训等活动。这些措施极大推动了广大辅导员参与研究与实践的热情，很多高等院校辅导员通过系列平台努力奋进，逐渐走上了更高的岗位，成为辅导员队伍专业化建设的中坚力量，也使高等院校思想政治教育工作和人才培养工作质量得以高效提升。

（三）榜样示范展现辐射效应

首先，各高等院校注重优秀辅导员模范榜样的树立与培养，通过各层级挑选，选拔出全国、省市级的优秀辅导员、先进个人等，同时通过职业模范标杆的选拔，来进一步强化高等院校辅导员队伍的角色意识以及职业认同感。其次，通过组织各层级的高等院校辅导员职业能力比赛，为其提供相互观摩学习的平台与机会，以赛促建，积极推动辅导员队伍的专业化发展。最后，各个优秀辅导员工作室的成立，不但可以促进以老带新、通过梯队建设培养年轻辅导员人才，更能够充分发挥优秀辅导员团队的辐射效应，带动更多地区、更多高等院校辅导员队伍积极向上成长。

二、高等院校辅导员队伍专业化职业化建设面临的挑战

（一）辅导员队伍流动性大

一个职业的专业化、职业化发展必须有相对稳定的从业人员。随着全国各高等院校大量扩招，辅导员数量也在不断增多，而这一部分人员的流动性相对较大、稳定性低，从而

出现了大量短期初级辅导员，必然会降低这一工作队伍的职业认同感以及其素质的提升。

从直接影响因素来看，辅导员队伍流动性大主要有两方个面的原因。一方面，在高等院校，辅导员往往被看作一种管理人员，其科研能力和教育能力被逐渐淡化，缺少对其职业专业化的认识与相关保障。另一方面，辅导员的晋升途径不通畅，存在职称评定困难。因此，很大一部分辅导员会主动转向高等院校里的其他管理岗位。

纵观高等院校辅导员队伍建设的进程来看，其专业化、职业化发展要落后于其工作队伍规模的扩张速度。相关管理部门已经根据发展制定了促进辅导员队伍建设的政策，但其落实还需要一个过程。同时，辅导员自身的职业素养提升、职业认同感提高等必备因素也必然需要长时间打磨来逐步提升。

（二）辅导员工作质量有待提高

大量繁重的日常事务性工作占用了辅导员大量工作时间，限制了其进一步学习与探索的精力。而大量辅导员来自非思想政治教育专业，这就导致其缺乏足够的理论储备，缺少必要的总结、提炼与创新能力。相对缺乏有力的理论支撑、创新的工作方式方法以及对工作规律的认识。大学生群体发展更贴近时代的发展步伐，因此面对这一特殊教育对象，辅导员必须借助互联网等新科技，准确把握大学生的思想行为特征，运用实践养成规律、师生有效互动规律、思想发展规律等不断创新教育手段来开展思想政治教育、职业教育、心理健康教育等工作。

（三）辅导员的整体职业素养有待提高

高等院校扩招需要更多辅导员，大量辅导员素质高下不同。提升辅导员素质主要就是提高其职业认同感和政治理论水平。前者的欠缺主要体现在很多辅导员为了晋升发展，把辅导员这一岗位当成进入高等院校工作的捷径以及转向高等院校其他岗位的跳板，这种不稳定性严重影响了辅导员队伍的职业认同感。受时间、精力等因素影响，很多辅导员在学习理论政策等方面不够积极，政治思想教育工作浮于表面，没有真正把思想政治教育落到实处。

大学生群体是祖国未来发展的后备力量，是民族振兴的主力军，因此辅导员的思想政治教育就显得尤为重要。高等院校辅导员更要深刻认识到这一岗位的重要性，自觉从多方面、多角度整体提高自身素质。当然，提高辅导员素质还需要各相关部门共同努力，立足整体，系统推进。

三、高等院校辅导员队伍专业化职业化建设路径探析

（一）建立高等院校辅导员职业资格准入制度

从源头确保高等院校辅导员的工作质量，就需要建立统一的高等院校辅导员职业资格准入制度，确保应聘人员具备充足的相关职业知识与技能，这是全面提高我国高等院校辅导员素质的有效路径。目前高等院校辅导员不但要做好育人工作，也逐渐承担起教书和科研的职能，这使辅导员明显区别于一般行政人员和教师，其职业化与专业化也更加明显。鉴于此，我们国家相关部门也应该进行全方位、多层次的调查，积极建立完善的高等院校辅导员职业资格准入制度。同时，高等院校再结合自身的需要与实际，对应聘者进行具体的资格审查等选聘流程。

（二）加强对辅导员队伍建设的指导和监督

国家出台了规范与指导高等院校辅导员队伍建设的文件。如：《普通高等学校辅导员队伍建设规定》明确规定了高等院校辅导员工作的要求与职责、配备与选聘、培养与发展、管理与考核等问题。然而，在高等院校的实际工作运行中，这些都没有被积极落到实处。一些高等院校因为追求利益最大化等，导致辅导员工作队伍流动性大、工作任务冗多沉重，阻碍了辅导员队伍的进一步提升与发展，进一步加大了辅导员队伍建设的难度。因此，针对这些问题，政府应当采取有效措施，积极督促与指导各高等院校重视起辅导员队伍建设问题，把相关文件精神认真落到实处，把辅导员服务建设真正推向积极的运行轨道上。

（三）建设完善辅导员培训平台

加强高等院校辅导员的职业化与专业化建设，必须积极搭建有发展空间的且极具吸引力的培训发展平台，全方位提高辅导员队伍的稳定性与整体素质。一方面，交流促进成长。相关部门需要充分发挥管理职能，增加专项经费投入用于高等院校辅导员的培训、进修、科研、奖励等专项建设，搭建起具有实效性、激励性的培训与交流平台，在提起各部门对辅导员队伍建设重视的同时，促进辅导员队伍自身的学习内驱力提升。另一方面，扫清辅导员在职称晋级方面存在的障碍，打通辅导员晋升的通道，积极把"双向晋升"落实到位。高等院校要积极鼓励辅导员提高学历学位，培养专业知识扎实、实践能力强的高素质辅导员队伍，并且要切实把这一措施列入高等院校人才培养以及师资培训计划。在鼓励辅导员

在学历与学位上晋升的同时，专门设立辅导员职称评聘细则，努力拓宽辅导员在职级和职称评聘方面的选择空间。

（四）构建完善的辅导员工作质量评价体系

完善的辅导员工作质量评价体系是推动辅导员积极进取的有效手段，但目前各高等院校对此重视程度不够，多数针对辅导员的评价体系不够完善且在落实中存在很多问题，需要进行不断改进与提高。第一，完善的评价体系首先需要明确考核目标。根据高等院校及各学院的实际发展需要、办学宗旨、考核周期内要达成的计划目标等制定完整的辅导员绩效考核标准，要结合"德、能、勤、绩"细化具体的量化指标。第二，考核是为了更好地促进辅导员的工作质量提升。考核结束后，相关部门与人员要及时对结果进行反馈，对在实际工作中态度不积极、不能较好履职尽责的人员进行相应的处理与后续教育，对其工作欠缺之处提出具体的改进措施，并对其今后工作进行重点监督；对在工作中表现出无私奉献等优秀品质的辅导员进行奖励，通过榜样的力量大力推动辅导员队伍整体工作劲头增强。

（五）制定并实施鼓励措施促进自我提升

大力推进高等院校辅导员队伍的专业化与职业化，仍然要坚定不移地遵循"以人为本"的工作原则。这里的所谓以人为本，既要充分尊重辅导员在高等院校管理与教育工作中的重要地位与意义，促进其队伍的专业化与职业化；也要首先激发其自身的工作热情，推动其自身的自我完善与发展。《高等学校辅导员职业能力标准（暂行）》从工作内容、能力要求和相关理论与知识要求这三个具体的方面，把高等院校辅导员的职业能力划分为初级、中级和高级三个标准。高等院校的相关部门可以根据这个标准，制定具体激励措施。相关部门可以有效组织国家、省、市等级别的优秀辅导员评比活动，通过评选出优秀的辅导员并充分发挥其榜样引领作用，来鼓足广大辅导员的工作热情，促进其提升工作质量。同时，还可以组织辅导员能力比拼等相关比赛，通过理论知识、实践能力等方面的层层比拼，让辅导员加强沟通与交流，通过比赛的形式潜移默化地促进其工作的职业化与专业化提升。

高等院校辅导员是高等教育建设的重要力量，其专业化与职业化建设是一个长期系统的过程。这就需要我们与时俱进，全面系统地进行厘清与思考，科学规划其发展路径并落到实处，促进高等院校辅导员队伍专业化与职业化发展水平提升。

第六节　高等院校辅导员队伍专业化发展的内在逻辑

党的十九大报告明确指出，要建设高素质专业化干部队伍。随着高等院校辅导员既是干部又是教师的身份进一步明确，辅导员队伍的地位和重要性日益凸显，其专业化发展进入新的阶段。高等院校辅导员队伍专业化发展是新时代人才培养、思政工作、社会发展等的必然要求，而要促进高等院校辅导员队伍专业化发展，应当予以情感赋能、学理建构和社会支持。

高等院校辅导员作为大学生思想政治教育工作的先锋队和排头兵，是宣传贯彻落实党的教育方针政策最直接的组织者和教育者，也是最接近学生、最能理解学生、最能影响学生的教育主体。教育部颁布的《普通高等学校辅导员队伍建设规定》明确了高等院校辅导员既是干部又是教师的双重身份，同时对高等院校辅导员队伍专业化建设做出了全新而系统的部署，开启了辅导员专业化发展的新时代。

一、新时代高等院校辅导员队伍专业化发展的重要意义

高等院校辅导员制度是中国社会主义办学特色之一。伴随着社会的发展进步和国内外形势的深刻变化，高等院校辅导员制度的内涵和外延也在不断拓展，由最初单一的"政治型"职能逐渐向"思想政治型""综合事务型""思政工作型"转变，从专职的政治辅导员制度向高等院校辅导员职业化专业化转型。高等院校辅导员队伍的专业化发展是新时代高等院校为党育人、为国育才的使命和担当的必然要求。

（一）高等院校辅导员队伍专业化发展是新时代人才培养的根本要求

《普通高等学校辅导员队伍建设规定》明确提出了高等院校辅导员作为大学生日常思想政治教育和管理工作的组织者、实施者和指导者的角色，体现了高等院校辅导员角色的多样性和职责的多重性，彰显了辅导员在高等院校人才培养中的重要地位，关乎人才培养的质量、成效和方向性问题。习近平总书记在全国高等院校思想政治工作会议上强调，高等院校思想政治工作关系到高等院校培养什么样的人、如何培养人以及为谁培养人的根本问题。这为高等院校人才培养明确了方向，也从根本上指出了高等院校坚持社会主义办学的定位。因此，"培养什么样的人、如何培养人以及为谁培养人"成为高等院校辅导员应

遵循的根本向度。2018年9月10日，习近平总书记在全国教育大会上发表重要讲话强调，要培养德智体美劳全面发展的社会主义建设者和接班人，指明了新时代育人工作的基本目标和根本要求。以习近平同志为核心的党中央对高等院校人才培养、时代新人培育所锚定的方向，对身处一线、肩负着学生思想政治教育、管理和引导使命的高等院校辅导员提出了目标和任务，也是对高等院校辅导员在学生思想政治教育过程中的政治素质能力提升和专业化建设提出的新要求。

（二）高等院校辅导员队伍专业化发展是新时代思政工作的根本保障

网络化、信息化和全球化助推着社会快速发展，也带来社会的深刻变革，深刻影响着当代青年大学生群体，给高等院校的教育和管理带来巨大挑战。高等院校思想政治教育工作的重要性日益凸显，辅导员的内涵和外延进一步拓展，辅导员要逐渐成长为职业化队伍。辅导员队伍是落实立德树人的坚强保障，是思政工作的骨干力量。长期以来，党和政府重视和加强辅导员队伍建设，持续不断地推动高等院校辅导员朝着职业化专业化方向发展，出台了一系列支持、提升和保障辅导员队伍发展的政策和机制。搭建各级各类增进专业化发展的辅导员协会和研修中心；支持和鼓励辅导员参加进修、访学、培训，以促进其素质能力不断提升。党的十八大以来，辅导员专业化建设的步伐进一步加快，一系列加强和改进高等院校思想和政治工作的文件出台，明确要求辅导员队伍要纳入高等院校人才队伍建设总体规划，保证这支队伍后继有人。新时代的高等院校思政工作急需一支政治立场坚定、业务精良、作风严明的专业化职业化的辅导员工作队伍，为落实党和国家的教育方针政策，做实做细学生思想政治工作提供根本保障。

（三）高等院校辅导员队伍专业化发展是新时代社会发展的迫切需要

时代是思想之母，实践是理论之源。新时代历史方位的确定，是最大的时代背景和现实条件。以人民为中心的发展思想和我国社会主要矛盾的转化，是高等院校辅导员必须面对和适应的实践土壤。这就要求辅导员必须深刻理解、及时回应大学生思想政治教育中的新问题、新挑战等，促进自身的专业化发展。同时，数字化、碎片化、多源化的移动信息化时代，催生了无数前所未有的新生事物和新现象，也产生了一些用传统手段、传统思维和理论一时难以阐释的新问题，给高等院校思想政治教育工作带来挑战，对辅导员素质能力提升提出迫切要求。当前大学生群体呈现出独立性、选择性、多变性和差异性的新特点。

这要求辅导员必须坚持以大学生成长成才为中心的根本立场，立足学生的思想与生活实际，情系学生成长，具有以新发展理念为指导，凝聚学生的价值理念，抓好学生的思想引领，关注学生日常养成，注重成长经验的专业能力。因此，建设一支高素质专业化的辅导员队伍是适应新时代历史发展条件的迫切要求。

二、新时代高等院校辅导员队伍专业化发展的内在逻辑

辅导员队伍专业化的发展有其自身的内在规律和逻辑。从自我维度来看，一定的职业情感是专业的内在基础和内生动力。从他者维度来看，社会化的支持是推动高等院校辅导员队伍专业化发展的外部动力。从社会维度来看，理性知识是基础，学理性支撑是辅导员队伍专业化发展的逻辑生成。因此，系统整体地探讨辅导员员队伍专业化发展，要重新审视和诠释其内生逻辑。

（一）高等院校辅导员队伍专业化发展的内生动力

任何一种职业或工作都需要具备一定的情感要素，如兴趣、热爱等。关心、热爱、荣誉、美誉等积极情感是情感能力的核心要素。高等院校辅导员的职业情感既要遵守教育规章制度对职业规定性的情感要求，又要履行社会赋予职业、被具体化为道德准则的社会期待与社会规定。高等院校辅导员首先要有"政治强、情怀深"的初心，切实成为马克思主义的坚定信仰者、传播者等，成为为党育人、为国育才等的忠实实践者，这是辅导员队伍专业化和职业化的前提和基础，是其专业化发展的内生动力。离开了政治属性，丢失了职业情怀，这支队伍也就失去了存在的意义和价值。辅导员工作实践中围绕学生、关心学生、关照学生等需要投入大量情感劳动。这些情感劳动是辅导员职业在学生工作实践中的本质要求，也是辅导员工作的价值属性。高等院校辅导员要增强职业认同感和忠诚度，形成稳定的职业情感和坚定的职业信念，自觉传递正确的价值导向和指导思想，以更深厚的情感去应对和适应复杂的学生工作，在平凡工作岗位上获得乐趣和成就感，成为推动辅导员队伍专业化发展由内而外的力量源泉。

（二）高等院校辅导员队伍专业化发展的外部条件

随着高等教育规模的不断扩大和数字化媒介的有效传播，高等院校辅导员这支队伍被社会所熟知，工作的领域和工作职能被家长和学生所认可，在学校的教育管理服务中凸显其重要性。教育部对高等院校辅导员队伍的职责、要求、配备、选聘、考核和工作要求朝

着专业化的方向发展，提出了辅导员队伍职业化专业化建设的要求。全国高等院校辅导员素质能力大赛的赛制内容为辅导员专业化提供了示范引领作用。"自律严、人格正"是社会对高等院校辅导员职业特性和职业角色的要求和期待，辅导员队伍中涌现的一批批职业先锋和先进典型被社会认可，推高了这支队伍的美誉度。高等院校辅导员队伍在党群部门的重视和推动下，在辅导员自身的努力下，其职业定位、专业技能、素质能力等有了更清晰的呈现，尤其在理论宣讲、谈心谈话、心理健康教育、职业发展辅导等工作实践环节有了更为专业化的发展，高等院校辅导员的专业化发展的外部条件已经形成。

（三）高等院校辅导员队伍专业化发展的逻辑生成

高等院校辅导员要具有敬业爱生的专业理念、系统完备的专业知识、独特突出的专业能力和坚定强烈的专业自觉。高等院校辅导员工作看似简单，其实是建立在长期经验累积和理性化的支撑之上的，其专业化发展也不是一蹴而就的，需要经过长期的职业情感期待和职业实践积淀，才能形成专业化的理论知识。高等院校辅导员在日益复杂，多样和快速变化的数字化移动互联网时代，社会更加开放，思维更加活跃，学生需求更加多元化，学生中存在的厌学、沉迷游戏、偏激等问题给学生工作带来了严峻挑战，需要用专业的知识和理性的思维来解决学生中出现的问题。"思维新、视野广"是高等院校辅导员队伍专业化的学理性体现。高等院校辅导员要增强理性思维的能力，掌握学生工作的规律、学生成长的规律等，运用专业的知识、方法和工具来开展工作，真正成为学生工作某一领域的专家。因此，我们应当重新认识和理解学生工作专业化，建立起跨学科、宽口径的学生工作专业知识体系。这是高等院校辅导员队伍的专业化要求，更是专业化发展的逻辑。

三、新时代高等院校辅导员队伍专业化发展的路径

推进专业化发展是新时代高等院校辅导员队伍建设的内在要求。专业化发展要遵循其内在逻辑，既要从专业的情感维度考量，也要从辅导员专业的学理性构建和社会化支持出发，找准着力点，回应现实境遇，为辅导员专业化发展提供情感赋能、学理支撑和社会支持。

（一）情感性赋能：高等院校辅导员队伍专业化发展的价值维度

积极正向的情感会增加辅导员的职业认同感、工作责任感以及职业荣誉感。所谓情感一般指个体对客观事物所具有的感受和自我体验或认知。增强高等院校辅导员队伍发展的专业化，必须提升辅导的情感能力，为辅导员的专业化发展提供情感性赋能。教育主管

部门要进一步健全和完善高等院校辅导员制度建设，提供政策支持，为辅导员专业化发展保驾护航，增进对辅导员的情感性支持。高等院校要加强职业荣誉制度建设，通过高等院校辅导员入职仪式、辅导员宣誓、优秀辅导员评比和表彰、辅导员年度人物和辅导员职业先锋评选和展示，不断增强辅导员的政治自信、情感价值、职业认同和专业归属，不断提高辅导员职业的社会地位，持续不断地为辅导员专业化发展增添内生动力。从价值的维度增强情感互动，自我赋能，增强对职业的热爱，增强辅导员育人工作的使命感，推进辅导员队伍专业化发展。

（二）学理性建构：高等院校辅导员队伍专业化发展的工具维度

学理性建构是辅导员队伍专业化发展的基础和依托。高等院校辅导员工作要建立在对高等院校思想政治教育工作的科学认识之上，用科学理性地开展工作。思想政治教育要"有理讲理"，这个"理"就是科学性，既是讲内容的科学性，也是所用方法的科学性。长期以来，有一种错误的认知认为，辅导员工作是没有技术含量的，辅导员只是管理学生，不需要专业知识的支撑。但实际上，辅导员素质能力更需要理性的合法性支撑。需要在自身原有专业的基础上进行跨学科、宽口径专业知识的储备，以应对日益复杂的现实环境。高等院校辅导员队伍专业化发展的学理性建构要从两个层面来努力。一是高等院校辅导员专业学科理论体系等的建构，积极探索辅导员工作的理论体系，吸收不同学科的研究成果为学生工作提供服务，通过大学生思想政治教育研究中心、辅导员名师工作室、辅导员科研团队的构建，努力培养一批有影响力的辅导员学术带头人，推动辅导员队伍专业化发展。二是高等院校辅导员自身科研能力的提升。通过国内外访学研修、攻读学位、职业培训、课题研究、工作案例创新等方式，提升辅导员的专业化水平。要运用科学的方法和工具处理学生工作中出现的问题，积极总结工作典型经验和编写工作案例，积极出版或推广有专业化价值的辅导员工作成果，传承、丰富、发展辅导员的专业化建设。

（三）社会化支持：高等院校辅导员队伍专业化发展的实践维度

高等院校辅导员队伍专业化发展离不开社会的支持。近年来，高等院校辅导员队伍随着国家和政府的重视和数字化移动媒介的快速传播受到社会的广泛关注并为人们所熟悉。"最美高等院校辅导员""全国高等院校辅导员年度人物"评选和表彰、推选和展示，进一步推动了高等院校辅导员队伍的知名度和美誉度。因此，提升高等院校辅导员队伍的专业化发展，要在辅导员的工作实践中不断推陈出新，培养一大批职业先锋和先进典型，塑造一大批熟练掌握辅导员工作实务，熟悉擅长理论研究的专业化权威性代表成为高等院校辅导员专业化的榜样。推进高等院校辅导员队伍专业化发展，要主动争取社会各方的支持，加强对各级各类辅导员协会的支持和辅导员专业共同体建设。要通过社会化媒介大力宣传和展示高等院校辅导员的工作，让家庭、学校、社会更多了解辅导员的工作实际，关心辅导员的成长，缓解其超负荷运转的问题，从内外部创造环境支持辅导员专业化发展。

第五章 高等院校辅导员队伍专业化建设路径

第一节 高等院校辅导员队伍专业化科学化发展

现如今，高等院校思想政治工作越来越得到党中央的高度重视。辅导员队伍一直被视为高等院校中的思想政治工作者和教育者，辅导员队伍在高等院校思想政治教育中发挥着重要作用，具有不可忽视的地位。新时代，辅导员队伍要强化高等院校思想政治教育主体作用，依据时代变化、社会发展的实际情况，遵循当前学生身心成长规律，促进整体队伍的专业化科学化发展，更好地开展思想政治工作。

随着全国思想政治工作会议的召开，高等院校思想政治工作也日益受到重视。高等院校辅导员队伍是高等院校思想政治工作中必不可少的环节，辅导员是对高等院校大学生进行思想政治教育的中坚力量。随着中国特色社会主义进入新时代，辅导员队伍建设也迈上了新的台阶，党中央出台的一系列文件和报告，更加明确了高等院校辅导员的任务和要求，也为辅导员队伍建设指明了正确方向。高等院校辅导员队伍建设应符合新时代的发展要求，进一步提升发展质量，促进专业化、科学化发展。

一、新时代高等院校辅导员队伍专业化科学化发展面临的新形势

时代环境对高等院校辅导员队伍专业化、科学化发展提出了新要求。自媒体时代，信息传播速度快，畅通便捷。随着 5G 网络时代来临，网络社会日益发展，网络文化丰富繁杂，成为高等院校辅导员队伍专业化、科学化发展的时代背景。面对当前时代环境，高等院校辅导员应当加深对科技网络的理解与应用，遵循高等院校大学生的成长规律，深化全环境与全方位育人过程，注重培养时代新人，立德树人，强化马克思主义科学理论教育，加强高等院校大学生的理想信念教育和价值观教育。要建设高等院校辅导员队伍，提升专业化科学化水平，使之与高等教育现代化相契合。

社会发展对高等院校辅导员队伍专业化、科学化发展提出了新任务。当前我国社会的主要矛盾转变为人民对美好生活的需要不充分的发展之间的矛盾。在教育方面，随着九年义务教育普及，高等教育长足发展，双一流学校深度建设，受教育群体日益扩大，教育质量得到提升。这就要求高等院校辅导员发挥高等院校教师和管理的双重作用。一方面，高等教育不断发展，教育能力提高，越来越多的学生进入高等院校学习，学生规模日益壮大，学生事务日趋繁杂，急需辅导员实施精细化管理，提高队伍专业化科学化水平；另一方面，深度利用丰富的社会资源，家校合力，教育协同，打造全方位高效的育人环境，促使高等院校学生符合社会发展的要求。

青年学生成长对高等院校辅导员队伍专业化科学化发展提出了新期待。当今时代青年学生的成长遵循目标具体化、需求多样化、路径个性化等发展特征。尤其是当前"00后"大学生进入高等院校校园，日渐成为高等院校的受教育群体，他们具有与其他时代青年学生不同的成长背景和思想行为，更加期待教育公平性，关注教育质量水平。因此，高等院校辅导员也应当保障受教育群体的公平性，从实际出发，由注重教育结果转向关注教育过程，关注高等院校学生成长成才的全过程和学生发展的全方面。这也需要进一步加强辅导员队伍专业化、科学化建设，提高辅导员教育成效。

二、高等院校辅导员队伍专业化科学化发展面临的矛盾

高等院校青年学生群体规模扩大与辅导员队伍不稳定之间的矛盾。目前高等院校大学生数量增多，规模扩大，教育目标和任务更加明确具体，这也对高等院校辅导员的稳定性提出了要求。然而，部分民办高等院校辅导员的数量和质量难以保证，其中不乏优秀辅导员选择转入公办高等院校；部分辅导员对职业期望不高，或感觉晋升困难，选择离开辅导员岗位；辅导员工作冗杂，工作范围较广，边界不清晰，也使有些辅导员离开岗位或转向高等院校教师等。这些实际因素加剧了辅导员队伍的不稳定性，不利于辅导员队伍专业化科学化建设。

教育发展专业化、科学化需求与辅导员工作复杂性之间的矛盾。新时期高等教育现代化水平提升，高等院校思想政治工作环境、教育对象、教育载体等较之以往也产生了新特点。教育行业内部逐渐形成更加严密的专业分工，高等院校急需专业化、科学化水平较高的辅导员队伍处理学生事务，开展思想政治工作。辅导员工作的复杂性使部分高等院校更

加注重辅导员的工作能力，从而忽视专业背景，导致辅导员专业化程度不足。后期大多数辅导员出于工作强度考量，往往忽视自身能力的提升，难以保障队伍专业化、科学化的发展水平。

辅导员工作强度与职业认同感之间的矛盾。高等院校辅导员任务量大，工作强度与工作压力高于高等院校教师，但社会认同度较低。辅导员的工作倾向于管理，教师作用发挥力度较低，且在薪资与社会认可方面与高等院校教师之间存在一定差距。思想政治教育的主体通常被认为是思政课教师，而忽视了高等院校辅导员在思想政治教育中的巨大作用，这种心理落差不利于辅导员保持工作热情，不利于辅导员队伍专业化、科学化发展。

三、新时代高等院校辅导员队伍专业化科学化发展的策略

首先，扎实理论基础，提升相关专业能力。高等院校辅导员应该坚持以科学理论为基础，深入学习和贯彻习近平新时代中国特色社会主义理论，扎实理论基础，强化思想政治教育基本原理的学习，将原理内容与实际学生工作相结合。高等院校应当考虑增设思想政治教育专业辅导员能力培养方向，通过四年的专业学习，对辅导员工作有具体深入的了解和研究，提升辅导员相关专业能力，促进专业化建设。辅导员还应当自觉学习和运用新媒体，通过科技手段开拓辅导员工作新思路，促进辅导员队伍科学化发展。

其次，优化辅导员队伍体制机制。强化辅导员队伍体制建设，应从辅导员队伍职业化、专业化、科学化等方面进行整体架构，根据辅导员能力提升、角色认同、评价奖励、成果展示等环节制订相关配套政策，保证相互连接，形成统一整体。首先，应将辅导员队伍归入高等院校人才队伍中，重点培养，不断完善选拔、培养和激励机制，提高职业可塑度。其次，各高等院校根据相关文件、政府和学校自身发展情况，规范辅导员职务职称提升机制并保障实施，为辅导员晋升提供制度保障，开拓职业通道。最后，辅导员自身要转变思想观念，增强队伍专业化、科学化发展的内生动力，强化辅导员职业责任，真正做到关怀学生生活，关爱学生心理，成为学生的帮助者和指导者。同时，辅导员要积极通过思政司和辅导员工作研究会举办的各类平台完善自身，加强学习，树立职业自信。

再次，构建分层次分类别的辅导员培训模式。当前高等院校有关辅导员的培训资源不平衡不充分，应当进一步强化辅导员培训课程体系建设，充实培训资源，利用网络技术建立或完善网络培训系统，使网络培训更加规范化、标准化和优质化。同时，应当注重培育

方向，依据辅导员的岗位职责、知识能力、生涯目标、兴趣爱好等进行分段培养，并以此确立培训的内容和方式方法，建立完善的评价反馈机制，及时反馈培训情况，增强培训实效；采取分层次分类别的培训模式，以期全面推进辅导员队伍专业化、科学化发展进程。

第二节　工作课程化对高等院校辅导员队伍专业化建设

辅导员是开展大学生思想政治教育的骨干力量，是高等院校学生日常思想政治教育和管理工作的组织者、实施者和指导者。提升辅导员职业化、专业化、科学化水平，进一步提升辅导员职业认同和待遇，进一步提升辅导员队伍的吸引力，对提高大学生思想政治教育的实效性具有深远意义。本节从多个视角探索，旨在促进辅导员的自身发展，促进辅导员思想政治教育工作水平的提升，促进人才培养质量的提升。

高等院校是为国家和社会培养高素质人才的重要场所，在高等院校学生的教育与管理中辅导员发挥着重要作用，但就目前的情况看，辅导员在实际工作中角色不清、定位不准、地位边缘化、发展离散化等是影响辅导员队伍建设的突出问题。本节针对以上问题进行探讨，并且摸索出一些解决方案，旨在为辅导员队伍专业化建设起到一定的积极作用。

一、"课程化"搭建团队合作式的知识管理平台

随着高等院校扩招和学生管理工作不断深入，从学生入学直至毕业管理，从学生平时的思想政治教育到常规检查，事无巨细，凡是涉及学生自身的各个方面工作最后都落在辅导员身上。这说明辅导员，作用重要，其工作方法和工作方式直接关系思想政治教育的成效和大学生的成长成才；也说辅导员的工作烦琐零碎，缺乏科学性、系统性等。

"课程化"工作模式，改变辅导员原有独立的工作方式，促进了辅导员之间的分工与合作。

二、"课程化"促成规范系统的知识积累习惯

"课程化"工作模式要求辅导员随时注意信息挖掘和精细化梳理，将具有共性的内容进行整合，通过建立工作体系让工作更加规范有效，实现系统化输出。比如，通过将高等院校辅导员的思想政治教育、党团和班级建设、学业指导、日常事务管理、心理健康教育

与咨询、网络思想政治教育、应急事件应对、职业规划与就业指导、理论和实践研究等工作内容，将具有"发展性""知识性"的内容合并纳入"课程化"体系，这样工作变得更加具体，有较强的周期性，对整个体系更加清晰，对整个教育来讲具有良好的促进作用。随着大数据时代的趋势发展，让工作变得明细化，变得更加简洁，有章可循。

三、"课程化"形成科学发展的知识传承机制

高等院校辅导员工作在校园各方面建设中发挥着重要作用，但工作的种种特殊性使很多辅导员难以长期从事这项事业。转岗作为现阶段高等院校辅导员晋升和发展的重要路径，造成了辅导员群体频繁的"人事流动"。这一现状在短时间内很难改变。辅导员一般都是各大高等院校的优秀人才，经过一定时间慢慢适应学校的管理工作，然后得到提拔，这样就会出现空缺。

辅导员的成长过程是漫长的，所谓经验积累是要经过一定的时间才能够形成，这一过程不可避免。学生工作有的来自思想政治方面，有的来自协调工作方面，有些问题不可预见，有很大的随机性，因此需要一定的经历、阅历、积累等。同时，不断接受培训，对一些问题需要随时向有经验的前辈请教学习，积极参加各类培训，这有助于辅导员快速成长。

四、"课程化"打造理性成熟的知识工作者职业外观

《普通高等学校辅导员队伍建设规定》指出，高等院校辅导员是高等学校教师队伍和管理队伍的重要组成部分，具有教师和干部的双重身份。他们是开展大学生思想政治教育的骨干力量，是高等院校学生日常思想政治教育和管理工作的组织者、实施者和指导者。

现实中，辅导员与学生的比例严重失衡，辅导员数量不足，负责的基数所占比例比较大，在实际工作中辅导员有的时候随意放任学生，很多时候缺乏计划性。"课程化"就是为了使教学模式变得具体化、规范化，让工作变得有逻辑性。长期以来，辅导员工作都是以自己的模式进行发展，没有绝对的标准，导致很多工作开展起来有一定的难度，积极探索高等院校辅导员队伍职业化和专业化建设新途径推出的新模式，就是从多方面改变现在的局面。辅导员工作对学生的成长成才引导十分重要，这也是学校思想政治教育工作的一种特色体现。不断将辅导员工作"课堂化"是发展的大趋势，也是辅导员队伍走向职业化、专业化的路径。

高等院校实际情况不尽相同，辅导员工作"课程化"是否适合每所学校仍存在一定的争议，尤其是高职院校与本科院校人才培养模式不同，现有的辅导员工作课程化体系并不能满足高职院校的人才培养要求。本节从多个角度进行探讨，使大家对辅导员工作有更深层次的认识，并且针对存在的问题展开讨论，提出解决方案，取得了工作实效。

第三节　工匠精神如何引领高等院校辅导员队伍专业化建设

作为高等院校思想政治工作的先锋队和排头兵，高等院校辅导员坚持从专业化的角度不断提升自我，发扬"工匠精神"，以专业化的能力和态度面对高等院校思想政治工作和育人工作，努力成为一支政治过硬、作风优良、业务精湛、纪律严明的工作队伍，为开创我国高等教育事业发展新常态保驾护航。

高等院校辅导员作为一线思想政治工作者，作用尤为重要。他们需要把有耐心、精益求精、创新、敬业的工匠精神当作职业操守来信奉和职业价值取向来追求。同时，在"工匠精神"指引下，辅导员专业化建设也是实现高等院校立德树人核心目标的重要前提和保障。

一、工匠精神的提出及精神实质

工匠精神是工匠对产品精雕细琢、精益求精的理念。

工匠的角色定位有狭义和广义之分。狭义的工匠主要指从事具体实业生产、制作的"匠人"，他们需要长期高质量地完成指定的任务，提供大量合格、精美的产品，要坚持投入时间、责任和热情，才有可能真正开花结果。广义的工匠则包括任何具备正常心智的社会个体，因为我们每个人都具有一定的角色：在工作单位，是领导或普通员工；在家庭，是子女、父母或兄弟姐妹；在人际圈，是朋友、同学……其中任何一个角色，都可以说是一种特定的"工匠"这些都离不开耐心专注、认真负责、全情投入的工匠精神。社会在不断进步，而这一切都离不开饱含工匠精神的各类"工匠"努力谋划和精心建构。时代在呼唤工匠精神，工匠精神必将在时代进步中铸造精华。

工匠精神是指，只要专注、踏实地做好一件物品，哪怕只是一枚螺丝钉，也能获得成功。具体而言是从业人员，尤其是工匠，追求对产品精雕细琢、精益求精的理念，是不断雕琢产品、改善工艺、享受产品升华的过程。工匠精神是一种职业态度和精神理念，是从业人员的一种职业价值取向和行为表现，是把所从事的职业与自己的人生观和价值观紧密的结合。但是随着社会的发展和人们素养的提高，人们对其认识也发生了巨大的变化。以往我们对工匠精神的理解认为其技术层面的意义很重要，只适用于职业教育的发展，是一种精益求精的"做工"态度，但是它也具有极高的指导价值，它的精神层面的作用不可忽视。

（一）工匠精神是一种角色精神

工匠精神的第一要素是乐趣和热情，知之不如好之，好之不如乐之，乐业是最高境界，最好的职业导师，是从业者在职业世界里的自由徜徉和美妙享受。大型纪录片《大国工匠·匠心筑梦》向我们呈现了劳动者用双手匠心筑梦的故事，爱岗敬业是大国工匠共同的特征，而且工匠只有以高度负责任的态度对待自己从事的工作，用一丝不苟的严谨认真态度来付出，才能抵抗工作中人性的阴暗，如懒散、拖拉、分心等，最终做到精益求精。爱岗敬业是工匠精神的基础。唯有打牢基础，工匠精神才能够绽放出耀眼的光彩。

高等院校辅导员也是一种特定的"工匠"，他们正为高等院校培养什么样的人、如何培养人和为谁培养人这个根本问题而不停探索着、工作着、努力谋划和精心的建构着。坚持律己以服人、身正以带人、无私以感人，辅导员的角色目标就是要在服务学生成长成才的同时为学生树立良好的价值典范。

（二）工匠精神是创新求实的力量源泉

工匠精神不仅是一种职业精神，而且是一种包含耐心、求实精益求精、创新、敬业的精神。创新指永不停止，与时俱进。求实就是尊重客观，注重实际。工匠来自生产与服务的第一线，是脚踏实地的技能劳动者，只有在生产实践过程中"求实"，了解客户的需求，掌握生产技艺，遵守生产规律，才能提供出合格产品。求实是创新的基础，创新是求实的体现，求实创新彰显了"工匠精神"的时代气息。"工匠精神"与求实创新精神互为依托，创新求实精神是"工匠精神"的灵魂，"工匠精神"是求实创新精神的具象与升华。

（三）工匠精神形成于专业化生产中

工匠精神旨在打造行业精品，创造出别人无法超越的佳品。在古代，"工匠精神"的传承，主要旧时代师徒制度与家族传承，工匠有别于设计者、策划者等。他们工作的首要任务是执行"母本"设计者的意图，使"母本"具体化和成品化。要达到这个目的，工匠必须有长期坚持做好一件事情的耐心，同时必须专注于实践操作本身，使自己手头上的"工事"不至于走样。这是一个长久历练、勤奋劳作、熟能生巧的过程，要求工匠具备长期坚守、专注、业精于勤的精神；也是"工欲善其事必先利其器"的谋事与成事态度。高境界做人，专业化做事，以工匠精神这一专业化理念作为认识世界，改造世界的指南，对当下高等院校思想政治工作而言，无疑是大有裨益的。

二、高等院校立德树人办学目标的实现急需辅导员队伍专业化

（一）中国特色的高等教育需要中国特色的高等院校思政辅导员队伍

中国高等院校的辅导员制度建于20世纪50年代，并且逐渐成了我国高等院校的特色之一。最初辅导员被称为"政治辅导员"，是中国高等院校的基层政治干部，对学生进行思想政治教育和思想政治工作是基本任务和主要工作。结合目前国家的现实形势，现在思想政治教育和思想政治工作的重中之重就是必须坚持以马列主义为指导，全面贯彻党的教育方针。要始终不渝坚持传播马列主义科学理论，将理论教育与实际工作有机结合，帮助学生树立正确的人生价值观。要持之以恒地弘扬社会主义核心价值观，引导广大师生坚定理想信念，以身践行。而在这样伟大的征程中，高等院校政治辅导员扮演着非常重要的角色。

（二）专业化是新时代对高等院校辅导员队伍的新需要

随着社会的发展，高等院校辅导员越来越专业化、职业化等。新的历史时期，大学生自身和高等教育的内外部环境发生了剧烈变化，学生的思维、学习和生活方式发生了重大变革。这些都对辅导员的专业能力提出了更高要求。

当前，高等教育由"精英教育"进入"大众化"的发展阶段，高等院校办学规模扩大、招生人数增多、多校区综合管理和施行学分制改革，呼唤着一支政治过硬、作风优良、业务精湛、纪律严明的高等院校辅导员队伍。

打造专业化辅导员队伍，一要明确当前的辅导员学科基础虽然是思想政治教育专业，但是它并不是专门的辅导员专业。辅导员的工作不仅仅是给学生进行思想政治教育，还包括各种心理辅导、职业规划等，实践性比较强，而专门的思想政治教育专业比较重视理论性。因此，要加强专门的辅导员学科建设，让辅导员做到术业有专攻，提高专业水平。二要有高学历的素质基础。现在的高等院校辅导员管理学生从学习到生活的方方面面。而随

着时代的发展，我们需要的是一个专业化、素质高的教师形象。拥有高学历是辅导员专业化的必然要求。高学历会促进辅导员向高素质发展，形成高学历、高层次、专业化的辅导员队伍。三要建立专业化的研究平台。目前，辅导员的学术背景学历、职称、成果等较浅，很难在省部级课题中立项。因此，政府和教研部门要考虑为辅导员科研立项创造条件，建立有利于辅导员专业化发展的研究平台，建设专业的交流网站和重点学术刊物；各高等学校积极选拔优秀辅导员参加国内外有关于学生工作、心理咨询、就业指导等方面交流、考察和深造，让理论与实践相结合，进一步促进辅导员队伍专业技能以及社会地位的提高，由专业化向专家化方向发展。

（三）职业素养与精神信念的双重专业化是对新时代辅导员的必然要求

辅导员专业化主要体现在辅导员在对学生进行思想政治引导、心理健康辅导、生活学习指导等工作时，对所需的知识和能力以及与此相关的职业素养与文化涵养进行专门培训和学习的过程。这可以从个体专业化和群体专业化辅导员队伍专业化两个维度来理解。个体专业化，辅导员必须具备思想政治教育、就业技能知识、心理学等诸多方面的理论知识和专业能力。群体专业化，国家相关部门必须高度重视辅导员专业能力的提升，为辅导员工作能力和职业素养提供便利条件。但无论从哪个角度来讲，都是提升辅导员的工作技术和能力，做到与时俱进、精益求精。这也是一个雕琢璞玉的工匠的最基本的执业资质。要让辅导员成为"学生事务的管理师""学生心理咨询师""学生思想分析师"等的复合型人才。

但是目前辅导员工作的现状就像是大管家，工作内容纷繁复杂，专业性不强。尤其在辅导员学生处（学工部）及学院的多头儿管理的情况下，导致其不能专心投入自己的本职工作中，任何事情都可以找辅导员，导致了辅导员工作职责界限不清，在日常学院工作中身兼数职，整日陷在多种事务性工作中，也就谈不上对学生思想意识上的高层次引导了。

正因如此，高效辅导员职业范围及精神信念上的专业化已经刻不容缓。辅导员不仅要有"事不避难、义不逃责"的担当，更要有"事无巨细、甘于俯首"的奉献精神。辅导员要把自己所带的学生当作未经刻画的工艺品，用工匠精神雕琢他们。因此，有效划分辅导员的工作范围和责任范围，梳理工作流程，明确向上对谁负责、向下对谁服务，使辅导员的工作有明确的目的性和方向性变得重要、必要而且紧要。这不仅需要上层部门在政策目标上提要求，更需要在政策落地结果的过程中给予制度性支持。

三、辅导员工匠精神的培育及践行

工匠精神是一个时代的缩影，它不仅与技术有所关联，而且具有极高的价值意义。辅导员要想更好担起学生健康成长指导者和引路人的责任，首先必须让自己成为先进思想文化的传播者。需要像匠人一样，拥有着专注踏实、坚持不懈的精神，拥有精益求精、追求卓越的精神，拥有不断创新、与时俱进的精神，把工作作为一种信仰，当作一生的追求。随着辅导员越来越专业化，越来越职业化，如何将工匠精神融入自己的日常工作、提高自己的工作能力值得深思。

（一）专注踏实，坚持不懈是辅导员专业化的基本要求

辅导员可以专注踏实，能够把所有的时间、精力投入自己所从事的工作中，做到心无旁骛。辅导员工作必须顺应时代潮流，顺应国家形势，才能真正满足学生成长发展需求和期待。这就需要他们在改进中加强，提升思想政治教育亲和力和针对性，其他各门课予以配合，要守好一段渠，种好责任田。辅导员既是教师队伍的组成部分，又有别于专业教师，面对高素质的学生，必须在思政领域术业有专攻。具备过硬的专业素养和职业精神，是对学生进行有效的思想政治教育、心理辅导及提供就业指导的基础。只有基础夯实，才能扮演好学生成长过程中指导者和引路人的角色。当今时代，思想政治教育工作的理念已经从管理转向服务。以前学生工作的思想是做好学生的管理，现在，管理的功能已经弱化了，而咨询服务的功能却在不断增强。高等院校辅导员的工作重点在于服务学生的成长成才，为学生提供智力支持和保障。在服务学生过程中，辅导员搜集学生的"用户体验"，不断完善和修正工作。

（二）精益求精，追求卓越是辅导员专业化的根本遵循

精益求精是对某种技能或学术的追求很高，是一种高尚追求。工匠工作虽然平凡，但是将平凡的工作做到极致，那便是"工匠精神"。辅导员的工作也是一样，不因为平凡而放弃追求。思想政治教育工作的核心内容就是立德育人。"育人"就必须对"人"的要求和主观体验给予充分关注，用精雕细刻的工作状态，追求极致完美的至高境界。结合具体工作，精益求精主要体现在对工作细节的处理和把握上，如悉心关注学生身心健康发展，热心关爱学生生活，耐心指导学生学业，等等。细节决定成败。辅导员只有细致入微地服务学生，才能追求更为美好的教育结果；只有坚持精益求精的工作态度，才能正确认识时

代责任和使命定位，才能真正为学生发展提供正确指引。

辅导员必须具备工匠精神，这样才能担任学生成长路上的专业化、职业化的咨询服务者，促进学生身心健康发展。而辅导员既然把这一职业作为自己的事业和人生的追求，就应当把它作为自己生活和生命的一部分。

（三）不断创新，与时俱进是辅导员专业化的时代要求

工匠精神崇尚专注踏实的工作态度，追求精益求精的工作精神，但并不意味可以拒绝创新，坚持不变，故步自封。相反，创新永远是"工匠精神"坚持不懈的追求，工匠精神可以世代传承的原动力正是创新。高明的工匠，时刻洞察时代进步和科技发展给所从事的行业带来的影响和变化，并对其加以引导，第一时间做出调整，从而促进本行业健康发展。同样，辅导员工作也是如此。他们面对的环境和对象，也在时刻发生着变化。因此，辅导员必须积极应对这些新情况、新问题等，不断在实践中总结提升，以创新姿态做出适时调整。

辅导员的创新精神，体现在两个方面：一是观念的创新。辅导员必须与时俱进，掌握好新思想、新观念等，并且结合学生的实际需求融入对学生的服务和管理，做好提高学业成绩和培育健全人格的衔接，在大众创新、万众创业的大环境下做好创新创业和就业二者之间的衔接。二是工具的创新。当前正处于"互联网＋"时代，必须运用新媒体、新方式等使工作活起来，把思想政治工作的传统优势同信息技术高度融合，不拘泥于传统的课堂说教式教育，增强鲜活性和吸引力。在学生工作中，辅导员要充分掌握新媒体时代自媒体工具的传播特点及主客体的互动规律。辅导员充分重视网络的媒介作用，对网络善加利用，加强网络思想舆论的阵地建设，充分发挥其宣传教化的功能，以此加强对学生的思想政治教育，才能拓宽新形势下对学生工作的新空间和新途径，才能更好地做好本职工作。

工匠精神是工匠在其职业生涯中展现出的高超技艺和精湛技能。态度严谨、细致、专业、负责、追求完美等工作理念，并对职业有一种认同感、责任感、荣誉感和使命感。高等院校辅导员队伍是开展大学生思想政治教育的支柱力量，是学生日常思想政治教育和管理的组织者、实施者和指导者。针对高等院校辅导员职业发展中的问题，在辅导员队伍中培养和提升工匠精神，有利于促进高等院校辅导员的专业化发展，充分发挥辅导员在高等院校思想政治教育的作用，创新和丰富高等院校辅导员的专业发展。

第四节 以劳模精神引领高等院校辅导员队伍专业化与职业化建设

新时代高等院校辅导员队伍的专业化与职业化建设是新时代我国高等教育发展的必然结果，是网生代大学生思想行为特征的迫切要求，也是辅导员队伍高质量建设的现实需要。当前专业化与职业化建设的局限，一是高等院校辅导员职业认同度较低，二是辅导员岗位人员流动性大。以劳模精神助推高等院校辅导员专业化与职业化建设，对进一步激发高等院校辅导员工作积极性与活力、提高大学生思想政治工作实效性、实现高等院校办学宗旨等具有重要意义。

辅导员作为高等院校思政教育的关键，其专业化与职业化建设，关系到大学生思政教育的工作实效以及高等院校育人宗旨的实现。党中央对高等院校辅导员队伍建设工作日益重视，相继出台一系列相关文件。与此同时，劳模精神是宝贵的精神财富和强大的精神力量，为激励广大劳动者开拓创新、建功立业树立了方向标，有利于助推高等院校辅导员队伍的专业化与职业化建设。本节分别从高等院校辅导员队伍专业化与职业化建设的必然性、当前建设的困境以及通过弘扬劳模精神来推进高等院校辅导员队伍专业化与职业化建设三方面进行探讨。

一、新时代高等院校辅导员队伍专业化与职业化建设的必然性

新时代高等院校辅导员队伍专业化与职业化建设是新时代我国高等教育发展的必然结果，是网生代大学生思想行为特征的迫切要求，也是辅导员队伍自身建设的现实需要。

（一）新时代我国高等教育发展的必然结果

高等院校辅导员队伍专业化与职业化的建设要求，是新时代我国高等教育发展的必然结果。高等教育事业是关乎国家综合国力及发展潜力的重要事业。而作为与高等教育发展水平紧密相关的高等院校思想政治教育工作，承担着向社会培养输送合格的建设者和接班人的艰巨任务。辅导员既负责思想政治教育理论课的教学，又是大学生思想政治工作的管理人员，是反映大学生日常生活状况的"窗户"，其专业化与职业化程度直接影响大学生思

想政治教育的科学性和实效性。只有进一步提升高等院校辅导员队伍专业化与职业化，才能适应新时代下高等教育发展的新要求，形成高素质的思想政治工作队伍，为社会主义现代化建设培养更多全面发展的优秀人才。

（二）网生代大学生思想行为特征的迫切要求

处于社会转型期的网生代大学生群体，受迅猛发展的市场经济、虚拟的网络信息、家庭环境教育以及这些因素共同作用形成的自身心理的影响，他们的思想行为呈现出矛盾性、复杂性等特点，表现为政治认同状况总体较好，但理想信念模糊；社会道德明确，但往往践行程度不高；网络应用能力强，但仍需加以正确引导；生活态度大多积极向上，但是抵抗挫败的能力较差。面对这些变化和挑战，传统的思想政治教育已经不能完全满足网生代大学生对知识的追求以及渴望自身全面发展的需要。把握网生代大学生发展特点和规律，改革高等院校思想政治课程教学，做好大学生思想政治教育工作，引导大学生德智体美全面发展，成为高等院校思想政治工作的重中之重。

（三）高等院校辅导员队伍高质量建设的现实需要

高等院校辅导员工作，一度被认为"什么事都干，什么都可以干"的工作。这种误解导致辅导员工作不被重视，甚至部分工作人员业务素质较低，责任心不够，不能做好学生思想引领工作，更谈不上服务学生。这对高等院校思想政治教育工作是不利的。建设高等院校辅导员队伍，必须纳入专业化以及职业化标准。只有这样，才能打造一支高水平的辅导员队伍，才能使高等院校辅导员具备专门的服务理念，做到"一切为了学生，为了学生的一切"。

二、新时代高等院校辅导员队伍专业化与职业化建设局限

当前，高等院校辅导员队伍专业化与职业化建设面临的局限，一是高等院校辅导员职业认同度较低，二是辅导员岗位人员流动性大。

（一）高等院校辅导员职业认同度较低

首先，很多人选择辅导员岗位的动机是想留在高等院校，而不是真正想从事服务学生的工作；加之辅导员岗位准入机制较低，成为安置教职工家属、关系户等的岗位。他们缺乏系统的理论知识，没有学生思想教育的实践经验，担任辅导员后，缺乏专业培训，导致

辅导员工作职位地位低，不可避免地成为大众认知中谁都可以做的工作。其次，高等院校辅导员职业目标与自身价值实现难以统一。辅导员应该是大学生日常思想政治教育和管理的组织者和指导者，将学生的思想引领以及实现自身专业化、职业化放在首位，但是目前看来，能够实现专业化和职业化的辅导员很少，不仅辅导员本身对自身职业专业化认同感较低，在社会大众看来也是不如大学老师。同时，工作任务重，收入低，压力重，也是辅导员职业认同感低的原因之一。高等院校辅导员的辛苦付出与收获不成正比，理想和现实之间的差距，导致辅导员过早出现职业倦怠。这些问题使高等院校辅导员职业认同感偏低，严重影响工作。

（二）高等院校辅导员岗位流动性大

正是高等院校辅导员工作职责不明确，职业认同感较低，发展前景淡然，导致辅导员的工作队伍稳定性差，流动性大。首先，很大一部分原因在于岗位晋升空间有限。和学术研究相比，外界很难认可辅导员的工作成绩，辅导员晋升很难。其次，很多高等院校没有为辅导员制订科学合理的晋升机制，往往正科级是辅导员职业生涯的尽头，特别优秀的人可以晋升到副高级别。辅导员在参加工作的前几年，相比同阶段进入工作的人来说晋升较快，这就导致很多人将辅导员工作当作一块跳板，甚至以权谋私的工具，工作三五年就转岗的辅导员占很大一部分，这在很大程度上影响了辅导员队伍的稳定性。高等院校辅导员具有教师和管理者的双重身份，但是在职位晋升上同教师有很大差距，作为干部，高等院校辅导员转岗之后很难再从事专职学生工作。这些因素综合在一起，使辅导员岗位的不稳定性大大增强。

三、以劳模精神的丰富内涵推进高等院校辅导员队伍专业化与职业化建设

抛开高等院校辅导员队伍专业化、职业化建设的具体针对性措施，本节认为以劳模精神的丰富内涵在高等院校辅导员队伍中进行引领不失为更根本、更深层次的路径。"爱岗敬业、争创一流，艰苦奋斗、勇于创新，淡泊名利、甘于奉献"等优秀品质作为劳模精神的丰富内涵，对高等院校辅导员队伍专业化与职业化建设具有重要意义，要加强对高等院校辅导员的劳模精神内涵培训，提升其专业化、职业化水平。

（一）要树立"爱岗敬业、争创一流"的奋斗目标

"爱岗敬业，争创一流"就是要热爱自己的岗位，在岗位上一心一意、勤勤恳恳地做事，明确自身的定位，同时争取在岗位上创下一流业绩，成为他人的榜样。爱岗敬业是最基本的职业道德规范，对高等院校辅导员来说是必须具备的品质。决定高等院校辅导员能否具备专业化与职业化水平的必要条件就是要有爱岗敬业的工作态度。高等院校辅导员面对一批又一批"祖国的花朵"，要在岗位上做好自己该做的，认真负责的对待每一名大学生，做好大学生思想政治教育工作。

从当前高等院校辅导员岗位流动性大的现实背景来看，高等院校辅导员树立"爱岗敬业、争创一流"的劳模精神内涵恰逢其时。虽然高等院校辅导员岗位有诸多难处，但要推进高等院校辅导员队伍专业化、职业化建设，高等院校辅导员本身得树立"爱岗敬业、争创一流"的奋斗目标，全心全意服务学生，尽心尽力处理问题，干一行、爱一行，钻一行、精一行，无论工作环境多么恶劣，工作压力多么巨大，发展前景是否渺茫，这样在岗位上终能取得属于自己的伟大成就。同时，在这个奋斗目标的激励下，高等院校辅导员在日常工作中脚踏实地、力争上游；在达成最终目标过程中，一步一个脚印，设立阶段性的目标，并通过每个阶段性目标的完成，实现终极目标。因此，高等院校辅导员队伍的专业化、职业化建设目标并不是一蹴而就的，而是一个渐进的过程。

（二）要展现"艰苦奋斗、勇于创新"的精神风貌

"艰苦奋斗、勇于创新"就是劳动者在岗位上尽心尽力、不畏艰难的同时，要懂得变通，走前人不曾走过之路，做前人未曾做过之事，奋斗和创新两者相辅相成，一方面身处岗位要想创新就必须在岗位上付出心力，认真钻研工作岗位上存在的各种问题；另一方面创新又能在更大程度上激发自身为岗位尽心竭力付出的热情。"艰苦奋斗、勇于创新"作为积极向上的精神面貌，是推进高等院校辅导员队伍专业化、职业化建设的重要因素。"吃得苦中苦，方为人上人。"对高等院校辅导员来说，要能在艰苦恶劣环境下依然保持斗志，在山穷水尽之时心中依然充满希望，要直面岗位上的各种困难挫折。创新是民族进步的灵魂，能确保高等院校辅导员在岗位上把握规律性，富有创造性。在新时代背景下，高等院校辅导员要把握当代大学生新的特点。伴随着信息化网络时代成长起来的网生代大学生，他们站在时代的潮头，对思想政治教育工作提出更高的新要求，高等院校辅导员只有进行经常性的学习，不断参与培训，提升自己的专业化和职业化水平，才能

不被淘汰，适应时代的需要。同时，无论工作学习还是培训，高等院校辅导员都要有面对难题迎难而上的勇气，要有自我学习的动力以及自我提高的意识，需要清醒地认识自我，找到自己的缺点与不足，并针对性地加以改进，常思己过，善于总结。在工作实践中不断提升自己的能力和水平，这才是"艰苦奋斗、勇于创新"的劳模精神内涵的题中应有之义。

（三）要追求"淡泊名利、甘于奉献"的思想境界

"淡泊名利、甘于奉献"是劳模精神的价值追求。时代不断变化，社会不断发展，而"淡泊名利、甘于奉献"的思想境界是每个时代各行各业劳动者永恒的价值追求，无论是革命年代、建设年代，还是改革开放新时期，都是广大劳模身上应具备的优良品质。从高等院校辅导员岗位角度来看，要树立正确的义利观，不因过分追求名利而偏离本职工作，甚至以权谋私，走上违法之路。"非淡泊无以明志，非宁静无以致远。"要保持一颗纯粹的心，不应有过多目的性。就现状来看，高等院校辅导员岗位成为不少人进入高等院校工作的跳板，自然在岗位上也做不到恪尽职守，反而对岗位工作抱怨不断。尽管高等院校辅导员岗位工作较累，待遇可能又相对不高，但仍然要保持豁达的心态，在岗位上慢慢沉淀自己，否则就不能立足长远。同时，高等院校辅导员服务于大学生，管理大学生各项事务，立足岗位为学生积极奉献自身是一名优秀辅导员应具备的品质，高等院校辅导员在岗位上甘于奉献在很大程度上能提升社会大众对其的职业认同感，提高高等院校辅导员的社会地位，是高等院校辅导员专业化、职业化建设的必由之路，使高等院校辅导员的个人价值及社会价值在奉献中得到充分实现。

第五节　基于职能定位谈高等院校辅导员队伍专业化建设

自《中共中央国务院关于进一步加强和改进大学生思想政治教育的意见》（2004）颁布以来来，高等院校辅导员配备逐步到位，结构逐步优化，队伍建设有明显成效，但辅导员专业化程度仍然不高，职业成就感与归属感不强。随着《高等学校辅导员职业能力标准（暂行）》公布，高等院校辅导员的基本要求、工作范围及等级能力标准得以明确，也为辅导员的专业化建设指明了方向和路径。

在校学生规模大，辅导员与学生的配备比又没有完全达到 1：200，在高等院校中又

存在一种很常见的现象：凡是与学生有关的事情，普遍认为都和辅导员有关，导致辅导员每天需要处理大量的学生事务性工作。同时，在人事关系上，辅导员划归各学院直接管理，他们还必须承担众多的基于院系党建、教学管理等相关行政事务，如党务干事、行政秘书等，这就使辅导员整天忙于事务工作，没有充足的时间与精力从事本职工作的其他方面。

2014年3月，《高等学校辅导员职业能力标准（暂行）》推出，从高等院校辅导员的职业概况、基本要求和各职业等级能力标准对辅导员队伍建设提出了相应的规范及要求，对进一步推动辅导员专业化、专家化进程做出了具体要求。

一、辅导员专业化的内涵

专业化一般有两层含义：第一层含义侧重于性质方面，指的是一个职业的专业性质和发展状态情况；第二层含义侧重于过程方面，是指一个普通的职业群体在一定时期内，逐渐符合专业标准，成为专门职业并获得相应专业地位的过程。国家教育部颁发的《普通高等学校辅导员队伍建设规定》明确指出，辅导员是高等学校教师队伍和管理队伍的重要组成部分，具有教师和干部的双重身份。这一表述在一定程度上为辅导员专业化指明了方向，即辅导员的专业化既要突出思想政治教育功能，又要遵循教师的专业化发展规律。

《高等学校辅导员职业能力标准（暂行）》明确了高等院校辅导员的职业定义、职业等级、职业能力特征、基本文化程度、政治面貌、培训要求等，也对高等院校辅导员的职业守则、职业知识、各等级职业能力要求做出了明确规范，这些内容都为高等院校辅导员提升自己的专业知识和技能进而实现专业化明确了目标。可以说，高等院校辅导员专业化核心内容的内在要求就是职业能力建设，而专业化针对的就是这种能力，即大学生思想政治教育工作中需要用的专业知识及相关技能。判断一名高等院校辅导员的专业化程度，关键要看它是否具备辅导员这一职业的专业理论体系、学术研究，以及是否符合专业标准，归根结底是考察辅导员的职业能力是否高度专业，是否符合标准。反过来说，高等院校辅导员的职业能力状况也反映着其专业化程度，能力层级越高，专业化程度应该越高。因此，推进高等院校辅导员队伍的专业化，就是推进高等院校辅导员职业能力的标准化以及优化。

二、基于职能定位的高等院校辅导员专业化问题分析

从角色定位角度来看，高等院校辅导员具有三个角色：思想政治教育者、学生事务管理者和学生成长指导者；有四项职能定位：思想政治教育职能、学生事务管理职能、学生指导服务职能、调查研究职能。针对这三个角色和四项职能，高等院校辅导员队伍距离专业化仍有不少差距，具体体现在如下几个方面：

①思想政治教育职能：有所弱化。高等院校辅导员的核心工作是大学生的思想政治教育。然而在实际工作中，虽然辅导员队伍在逐步扩大，但思想政治教育并没有逐步加强，反而有明显的弱化倾向。许多高等院校辅导员对自身工作的性质、范围、职责定位等很不明确，具体工作中常与一般的高等院校行政人员相混淆，不能与思想政治教育教师的身份相匹配。高等院校辅导员不是全部出身于思想政治教育专业，而是毕业于各种其他专业，刚开始往往凭借经验及满腔热情投入实际工作。

②学生事务管理职能：过于繁杂。调查研究要常态化，原因有两点：一是职业能力标准对辅导员的理论与实践研究做出了明确规定。例如，要求初级辅导员能掌握思想政治教育的基本理论观点，能融入学术团队，运用理论分析、调查研究等方法，归纳分析相关问题。对中级辅导员则另外要求主持或参与相关课题、项目研究等，形成具有针对性和实效性的研究成果，高级辅导员则更需要具有较强的调查研究能力。二是辅导员的调查研究与其他学科的调查研究不同。辅导员的调查研究样本很大程度上来自实际工作，在日常工作中发现问题、分析问题，进而研究问题、解决问题，而这些调查研究结果又反过来指导辅导员的思想政治教育、日常学生事务管理，以及为学生提供相应的职业规划及就业指导、心理健康教育咨询等。

③学生指导服务职能：不够专业。学生指导服务可细分为学业、生活、就业、心理等方面，很多辅导员在刚工作的几年里，对学生的指导服务没有宏观系统的把握，常常处于应激状态，当学生出现学业、心理等方面的特殊情况时，才开始着手处理，而处理的方法往往来自领导、同事的指导帮助，或者凭借自身直觉与经验。工作年限较长的辅导员，虽然经验丰富，但缺乏必要的教育学、心理学、管理学等方面的知识，运用这些教育科学理论开展学生工作的能力较弱。

④调查研究职能：远远不够。很多高等院校辅导员，平时主要忙于事务性工作，很少

给自己"充电"，再加上知识更新意识不强，使他们知识陈旧，知识面狭窄，而且对新知识利用少，重经验轻创新。他们对科学研究的意识不强，方法不当，能力也较弱，对学生工作中存在的问题缺乏敏感性与洞察力，难以准确抓住问题的实质、掌握关键的教育时机，整体上对处理教育信息的能力尚显不足。

三、职业能力标准对辅导员职能定位提出了明确要求

《高等学校辅导员职业能力标准（暂行）》中对高等院校辅导员的职业能力特征做了明确说明，即：政治强、业务精、纪律严、作风正。具备思想政治教育工作相关学科的宽口径知识储备。具备较强的组织管理能力和语言、文字表达能力，及教育引导能力、调查研究能力等。仅从职业能力特征描述不难看出，职业能力标准对高等院校辅导员的职能定位有了更深层次的要求。

①思想政治教育方法要科学化。思想政治教育不再凭借个人受教育经历及生活经验开展，而必须有相应的科学知识。这些知识既包括对当下时政的了解，当代大学生的了解，又需要相应学科知识储备，如马克思主义理论、哲学、政治学、社会学、伦理学、法学等学科的基本原理和基本知识。

②思想政治教育过程及学生事务管理要精细化。在职业能力标准中，许多内容都体现了思想政治教育的精细化以及学生事务管理的精细化。例如，思想政治教育方面，要求初级辅导员"能通过日常观察、谈心谈话、问卷调查等方式，收集学生基本信息""能结合大学生实际，广泛深入开展谈心活动，引导学生养成良好的心理品质和自尊、自爱、自律、自强的优良品格"。中级辅导员在此基础上要"能与班主任、思想政治理论课教师和组织员等工作骨干做好沟通交流"。这些都需要精细化布置操作。

③学生事务管理方面则更需要精细化，如学生评优评先、奖助学金评比、毕业生离校管理、新生军训等，需要相关制度做支撑，更需要辅导员在管理过程中做到细致。

④调查研究要常态化。有关数据显示，目前我国高等院校专职辅导员队伍人数已超12万。高等院校辅导员的工作环境、发展空间以及待遇保障得到了较大改善，辅导员队伍结构日趋合理，如年龄结构、学历结构、知识结构等。辅导员队伍在大学生思想政治教育中的重要作用日益凸显。虽然如此，辅导员的职业归属感整体上仍不够强烈，职业化、专业化建设仍需不断加强。

四、高等院校辅导员专业化建设的路径选择

到底如何成为一名合格的高等院校辅导员，甚至是优秀的高等院校辅导员呢？《高等学校辅导员职业能力标准（暂行）》给予了相应解答，对不同层次辅导员的职业能力做出了明确的层级性规定，也从各高等院校和辅导员个人两个角度为建设高等院校辅导员职业能力提供了相关内容依据。

实践是高等院校辅导员专业化建设的主要渠道。对高等院校辅导员的职业定义，《高等学校辅导员职业能力标准（暂行）》指出，辅导员是开展大学生思想政治教育的骨干力量，是大学生日常思想政治教育和管理工作的组织者、实施者和指导者。辅导员应当努力成为大学生的人生导师和健康成长的知心朋友。由此可见，高等院校辅导员的各项工作最终还是要落实到学生教育与管理中，扎实投入工作实践是必需的，只有经历过相应的工作实践才可能谈工作研究。笔者建议根据辅导员具体工作岗位和任务分工的不同，把辅导员分为职业规划、学业、心理、生活等类别，并按照相应的专业标准实现辅导员工作专职化、专门化。《高等学校辅导员职业能力标准（暂行）》中也对初中高三级辅导员针对各个专门性职业功能提出了动态要求。

培训是高等院校辅导员专业化建设的有效补充。思想政治教育本身是一门科学，需要不断地探索与研究，才能更好地适应新形势的发展与要求。从事辅导员工作的人员很多不是思想政治教育专业出身，开展工作多是凭着一腔热情和老辅导员的传帮带进行，工作方式难成系统，规范性、有效性不能得到保证。在这种情况下，接受相关业务培训、主题培训，能在短期内产生明显效果。职业能力标准也对高等院校辅导员的培训期限做了量化要求。建议高等院校能有计划地安排辅导员参加相应的培训活动，这对辅导员队伍的专业化建设能起到补充作用。

晋升是高等院校辅导员专业化建设的有力保证。高等院校辅导员具有教师和干部双重身份，在该岗位上，实行两条腿走路，既可以评聘思政系列专业技术职称，也可以申报职员职级。笔者建议思政系列专业技术职务路径，在学术要求上与其他专业区别对待，立足于辅导员工作特点，量身设计评聘条件；职员职级路径，在业绩考核中融入更多工作实绩因素。这样，让辅导员在公平竞争的环境下，更好地投入工作，从根本上稳定这支队伍。

　　评价是高等院校辅导员专业化建设的常规反馈。构建辅导员评价体系基于如下两个目的：一是通过明确责任、奖优惩劣来保证并提高高等院校辅导员的工作效能；二是通过分析和整理辅导员在职业发展过程中的优点与问题，提升辅导员个人职业能力，推动辅导员队伍职业发展。现阶段，高等院校辅导员评价体系，大多存在重课题、重论文、重课时但轻工作实绩的"三重一轻"现象，时间一长，造成辅导员职业归属感不强、队伍流动快等问题。笔者建议，构建业务能力综合测评体系，对辅导员进行专业资格认定；采取专家评价与学生满意度评价相结合方式对辅导员个人专业化水平做出评估。而评价结果可作为高等院校辅导员晋升或聘任高一级专业技术职务时的主要依据。

　　总之，《高等学校辅导员职业能力标准（暂行）》的推出，对高等院校辅导员的职能定位做出了更具体的要求，结合辅导员工作特点，可从实践、培训、晋升、评价等四个方面入手，一环扣一环实现辅导员的功能定位，进而推动辅导员队伍专业化建设。

第六章　高等院校教学创新团队建设的管理

第一节　高等院校旅游管理专业实践教学科研团队

　　旅游管理是一个集理论性与实践性为一体的专业，专业性非常强。而实践教学是实现理论实践融合、培养学生操作能力的良好平台，是实现旅游管理专业化教育的最终归宿。本节基于旅游管理专业实践性强这一性质，全面系统分析旅游管理专业教师实践教学，找出我国高等院校旅游管理专业实践性科研教学环节存在的问题及其成因，并针对这些问题提出相应的对策及意见，从旅游管理专业实践教学与科研工作结合的必要性、组件问题分析、实践科研构建模型以及具体的实际保障措施进行初步探讨。

　　1979 年，上海旅游专科学校首次成立了专门的旅游管理专业，标志着旅游高等教育的开始，之后旅游管理高等教育得到跨越式发展。到 2016 年年末，全国共有高等旅游院校或者开设旅游系的普通高等院校 1690 所，在校生 44.04 万人，全行业从业人员教育培训总量达 474.5 万人次。但与此同时，我国的高等旅游教育在实践课程安排、实训教学基地、实践教学体系等方面明显滞后，实践性教学科研团队严重缺乏，很多老师从学校毕业到另外一所高等院校任职，行业认知相对较浅，多停留在书本层面，教学目标、环节、效果等差强人意。高等院校教育要培养专业人才，理论基础知识与实际操作能力就要紧密结合，才能更好地适应行业发展，而这就需要实践教学教师科研团队的支撑。这是实现旅游管理专业学生实践创新能力的突破口，也是保证旅游专业素质教学的重要手段。

一、旅游管理专业实践教学科研团队组建存在的问题

（一）师资引进不注重教师实践能力

　　目前，高等院校旅游管理专业的教师，一部分是从其他相关学科加入到旅游管理专业

的教学队伍中。以某学院为例，其旅游管理专业，就有 8 人最初并非主修旅游，并且后续也没有过多从事实践行业和实践科研经历。这些教师缺少基础知识和实践经验，只注重理论知识的传递而忽视了实践，从而影响了教学效果。一部分是研究型人才，高学历者较多，他们重研究而轻实践，很少两个能力都有，而旅游管理本身是一种以职业导向为主的专业教育，其培养目标是适合旅游产业需要的管理人才，而现有的师资状况根本不利于实践人才的培养和旅游教育的开展。在旅游教育中，要做到理论实践相结合，就必须提高教师队伍门槛，注重师资的实践能力。

（二）在校老师缺乏后期实践性培养

高等院校教师存在的最大问题就是只注重课前备好资料以及课堂解决极少数学生的课本理论知识，而很少在后期做一些实践性的培养。而实践教学具有缺陷的原因之一，就是学校开展的实践性教学课程类型偏少，导致老师忽视教学实践环节，比如说后期时间训练不足，教育实习时间短、模式单一，忽略自我反思的引导，还有就是教学方式落后，没有严谨的科研教学态度，使学生的社会实践能力薄弱。老师要有实践教育意识，不仅要在日常教学中引入实践教学，增强学生实践意识与能力，也要利用空余时间及时了解与完善实践教学环节。特别是旅游管理专业教师，作为实用型教学引领者，后期更应不断提高自身教学水平，加强自身实践性培养，正确有效地带领和指导学生完成实践教学环节。

（三）高等教育评价使得教师科研导向存在问题

长期以来，高等院校教育习惯通过出勤、获奖、实验报告、实习报告等评价实践教学。这些都属于一些科研方面的静态评价，忽视了教师实践能力的增长情况，没有体现出老师本身实践能力的提升和导向作用。另外，有些教师备课时，为了节省时间，一味地盲目下载现成教案，缺乏科研创新性，个别还存在投机取巧的行为，把时间都安排在自己论文的发表上，而不注重实践性研究，因此教学只停留在课本知识上，没有实践活动来指导学生。

二、旅游管理专业实践教学科研团队构建

（一）更新实践教学科研理念

更新旅游管理专业实践教学理念可以从三个方面来说：第一，以课程内容为导向更新实践教学。第二，以参与社会实践为导向转变教学理念。第三，以合作企业为学习场地的

实践教学科研理念。这三方面都能达到理念创新的效果。但整体来说，三者相结合更能实现实践教学的针对性和连续性。通过少数高等院校实验发现，这种效果还是很明显的，但随之也会产生一些问题，包括教师的主导的方向，基础认知的偏差、组织的规范、机制的保障、实践教学与理论教学的结合等，都能看出实践教学仍存在许多漏洞。实践教学是高等院校教学方式的重点，特别是对旅游管理这种应用型专业来说，对培养学生实践能力和科研创新精神，提高学生综合素质，有着理论教学无法替代的特殊作用。学校可以组织系统的学习或宣传，营造良好的实践氛围，使学生能够合理有效地学到专业知识，提高实践能力。

（二）构建合理的实践教学科研团队

目前大部分应聘教师，都是毕业后直接分配到各高等院校的青年教师，基本没有从业多年的教师，他们没有接触过其他行业，社会实践经验又少，再加上近几年来政府政策放宽，本科毕业招聘的学生增加，使教师放在课堂上的精力随之增加，没有时间继续到社会中参加实践训练来学习进修，提高自己的实践经验，从而导致教学理论性知识过多，没办法和实践相结合，形成恶性循环。因此，需要对这些中青年教师提供更多培训机会。必须提高专业的实践教师的薪资使其留下，这样便可以培养出下一批刚任职的中青年实践教师，他们的理论知识与实践经验同时具备，他们既能当作高等院校实践教学师资队伍的后备力量，又能够使整个团队的实践科研水平有所上升，还能与社会相呼应，让学生把校园生活更好地融入社会环境。

（三）重新梳理实践教学科研目标和课程体系

旅游管理专业实践教学科研团队构建的第一大问题便是老师的实践教学的目标不明确。就这方面而言，旅游管理实践教学老师应该重新梳理实践教学的科研目标，对目标体系的创建要结合学生综合能力的发展，具有明显的针对性和目的性，培养出学生独立的专业基础知识、实践能力和职场综合能力，最终实现高就业的人才培养目标，在不同的阶段培养学生具备相应的能力要求。课程是教学的基础，旅游管理专业实践教学科研团队的构建与完整的实践教学科研课程体系是分不开的。通过实践科研教学的发展，可以使旅游管理专业具体明确化，实践科研课程主要可分为课堂实验、专业实训、校内外实践等。实践教学内容，实施课程的方式有一定的特殊性，每个实践教学内容学完后也应有明确的考评，达到要求后才能进行接下来的实践内容。课程需要有统一的科学规划，老师应根据学生的不同学习阶段设置不同的实践教学课程，使学生有由杂到简的技能训练，较强的实践能力，而这些也是构建旅游实践教学科研团队的重要途径。

（四）提高实践教学教师科研评价体系

目前高等院校对教师的理论水平考核体系已日益完善，而教师专业实践教学能力考评则相对落后，严重阻碍了教师的实践教学能力，这显然不利于旅游管理专业的发展。因此，将教师专业实践教学能力考核纳入高等院校教师考评中是必要的，要把这一考评作为晋升教师职称的条件之一，适当降低学术的要求，以保障实践教学水平的提升。因此，理论与实践对教师的考评都是非常重要的，考评比例也应大体相当。只有这样，才能真正提升教师的专业实践教学水平，才能培养出旅游管理专业的复合型人才。

三、旅游管理专业实践科研团队构建保障措施

（一）完善实践科研组织管理

实现旅游管理专业实践科研团队构建的同时，要从多方面对实践教学组织管理，确定实现科研团队所需要的实践活动，对教师按合理化分工的原则进行分类，并分配工作岗位。比如，院长和副院长负责管理全院的实践教学开展工作，各科教学老师负责教学内容的更新、指导与检查学生对实践活动的完成情况，外联和实验室管理部门负责引进实践教学基地以及监控，而教务办学工办及考评处则负责对所有实践教学流程的监督与评价。利用相互的权利限制，让部门之间相互合作，从而达到管理的目的，让实践教学落于实地。

（二）规范实践科研管理制度

旅游管理专业实践教学科研团队的构建需要一系列完善的管理制度保障制订规章制度，建立健全组织结构中各方面的相互关系，才能实施可操作性的管理。各大高等院校在建立旅游专业实验室和实践教学基地的同时，要制订相应的管理制度与保障条例，以及实践教学设施使用的具体操作要求和行为规范，用来实现旅游实践教学的循环利用。为了实现旅游管理专业实践教学质量的提高，还应该制订一套实践教学巡检制度方案。比如，可以成立实践教学巡检机构，学生老师为代表，采取特定的查检方式，对实践教学活动进行考评，以保证旅游管理专业管理实践教学的有效性。没有规范的管理制度，任何技术性的

方法和手段都不能充分发挥作用。为了保障实践科研团队的顺利构建，我们必须建立一整套完整的管理制度，作为开展实践教学工作的章程和准则，使管理制度规范化。

（三）加大实践教学科研支持力度

旅游管理专业实践教学科研团队构建，无论硬件的实践教学设施，还是实践教学的软件建设，都需要充足的经费支持，充分调动教师的积极性。在建立培育机构方面，政府可以制订相应的培训制度，要求高等院校给予旅游管理专业的教师每个学期至少有一次的旅游机会。企业进行实践活动，保证培训的质量。在建设用于提升教师实践教学的实训基地时，政府、高等院校与企业可以一起出资创建实践基地，而基地也不仅限于用来培养教师实践能力，还可以作为企业员工的后期培训基地，相当于合理利用所有资源。政府可以设立专项奖励，以教育里立法形式鼓励联合企业一起办学，打开企业与学校的人才大门，促进人才的流通，让更多旅游企业人才进入高等院校进行教师培训，也给高等院校的教师与学生更多学习机会。各大高等院校要结合自身的发展需要，对实践教学所需的经费、分配和管理所需的负责人进行安排，以保证旅游管理实践教学科研团队的构建。

第二节　高等院校足球专项课教学团队的建设管理

在分析国内部分高等院校足球专项课程建设现状的基础上，围绕体育教学部的体育课程体系的建设，球类课程推行了组建专项课教学团队的教学模式。而如何组建教学团队，如何有效管理教学团队，使其充分调动广大学生的学习主动性，体现"育人为本，健康第一"的新时代体育课程教育理念，是我们面临的重要问题。因此，做好足球专项课教学团队建设和管理是促进学生全面发展的重要途径。

足球运动是一项难以统一行动的对抗性集体项目，足球运动的性质和比赛的特征决定了它的整体特征，包括团队精神、团队协作、团队意识等要素。作为足球教学实践主导者的足球专项教师，应该对学生教学团队的组建和管理进行认真研究，并在实践中结合足球专项理论、技术技能等进行科学设计，有效地对学生足球专项知识技能的学习进行专业的指导，督促学生在团队学习过程中实现行之有效的运动参与，全面提高学生的运动技能、身体健康、心理健康、社会适应等素质。

一、对足球专项课教学团队的认识

所谓团队，是由许多部分的个体组成，各部分各自形成一个支持体系，以促使所有成员为一个共同目标努力。优秀的团队需要团队所有个体的协同努力，如团队管理的彩虹效应，所有个体为团队发光发热的努力。教学团队给予成员的归属感是基础，团队成员之间的认同感、责任感以及成员与团队领导之间的信任感是核心。对教学的主导者，教学团队的拥有者——专项课教师，在专项课课堂教学中组建学生学习团队，不能简单地进行分队，而要深入挖掘教学团队的内涵。

二、研究对象和方法

（一）研究对象

本项目选取的研究对象是青岛理工大学公共体育课大学一年级和大学二年级选修足球专项课程的学生，共选取男生 700 名。

（二）研究方法

1. 文献资料法

通过中国知网和万方数据库输入关键词"团队教学""高等院校足球选修课""足球课程改革"等进行文献搜索，选取部分高水平文献进行梳理、汇总和提炼，笔者发现当前普通高等院校体育课程中足球专项课教学过程中存在的问题，进而编制相关问卷和调查提纲，为本项目的推进提供了坚实的理论基础。

2. 访谈法

根据本项目研究内容中的难点和重点，确定好访谈的提纲和内容，拜访北京师范大学、青岛大学、青岛科技大学、青岛农业大学等高等院校的足球专家和足球专项课任课老师，围绕普通高等院校大学生足球专项课的现行教学模式存在的问题和团队教学的实践情况进行多方面调查，为项目调查问卷设计和实践性研究广泛征求意见和建议。

3. 问卷调查法

针对普通高等院校大学生团队教学学生反馈层面设计调查问卷，面对大学一年级和大学二年级足球选修课的学生进行发放并有效回收，对获得的有效数据进行统计，再对统计结果进一步分析研究。

三、足球专项课现存的主要问题

（一）足球专项课程设置问题

通过拜访北京师范大学和青岛部分公办本科学校，对普通学生足球专项课程的建设要素进行调查发现，大部分高等院校的普通学生足球专项课程设置较为陈旧，课程内容还是传统的足球技战术，而对学生在团队建设和自主学习的能力培养方面较为欠缺。调查问卷显示，学生对足球的兴趣较高，但对团队意识、团队精神等方面在课程设置和评价考核中缺少相应的项目。

（二）学生自觉性的培养问题

通过传统的老师示范组织，学生效仿等传统的教学方式，教师工作量大，学生互动性差，学生自身能力的挖掘缺乏。当前的课程设计和教学方法、方式等无法调动学生的主观能动性，对学生自觉性的培养不足。

（三）课余训练的组织问题

足球专项课的学生和老师普遍反映，仅仅通过每周一次的课堂教学，无法实现学生全面技能技术的提高。而课余训练的组织和实施单靠教师无法完成，对学生课余训练的评价也无法有效实施，需要培养团队成员的归属感来改善现状。

（四）考评方法问题

传统的足球专项课考评办法单一，重在考察学生的足球技战术，而对学生的课外锻炼情况、团队意识、团队精神、组织管理能力等方面的考察不能全面顾及，考评结果不能公平全面地反映学生在足球专项课中的表现。

四、利用团队教学解决足球专项课存在的问题

（一）建立学习团队成员的归属感

19世纪60年代，现代足球运动诞生于英格兰，经历了大约150年的发展进步。20世纪初，国际足联在法国成立，这标志着世界第一大运动——足球地位的确立，是球队被人们认知、认同很大的一个因素。在足球专项课第一次分团队后，让学生自发组织团队确定团队的名称，队名的产生能够使学生内心建立团队意识，通过课前、赛前利用队名做出一

些仪式加强学生的团队归属感。归属感的建立会促进成员之间相互信任，也会使成员对团队领导者的认可度提升。

（二）确定团队领导者

完成学习团队的组建后通过团队成员的推选产生学习团队负责人，作为团队的领导者，执行团队的课堂内容；队长来落实教师交代的教学任务，组织并监督课余训练，并对团队成员的课堂表现、团队意识等方面进行考察，反馈给任课老师，支撑课堂评价。

（三）加强团队管理意识

学习团队的组建在实践教学中应当摆脱之前课堂教学中学生个体的管理模式，应加强团队管理的意识，充分发挥团队队长的管理能力和职责，从课前准备阶段、课堂内容进行阶段、课外训练阶段等各个课堂环节进行团队管理意识的培养，将教学团队的管理细化，并纳入团队的集体评定考核过程，从而减轻任课教师的工作负荷。

（四）强化课堂习惯养成的教育

课堂习惯的养成是团队教学的重要环节之一。良好的学习、工作、生活习惯的养成是大学生成才培养过程中的基础环节。强化课堂纪律、比赛规则意识，参与团队学习、比赛的协作意识，体育精神促进吃苦耐劳，充分利用体育课堂教学这一有效、直接、有趣的环境和空间，着力强化培养学生良好习惯的养成，做到规范化、程序化、规矩化。

高等院校普通学生足球专项选修课的教学改革还有很长的路要走，必须坚持长期有效探索与不断完善，从学校学院主管部门的决策者层面、教学实践的主导者层面、教学实践的主体层面多层面、多角度、多元化的团队教学模式构建，借鉴国内外足球专项课团队教学成功的经验和成果，不断创新，勇于实践，整合资源，最大化挖掘课程的潜在价值，在教学实践中不断发现问题，解决问题，不断完善高等院校足球专项课教学团队的建设，探索健康可持续的管理模式，有效提高高等院校足球专项课的教学效率和实践效果。

第三节　基于知识管理的高等院校教学团队建设管理

高等院校教学团队建设是高等教育落实科学发展观、提高教学质量、推进我国高等学校教学改革等的一项重要工作。知识管理是伴随着知识经济应运而生的一种新型管理理论。本节分析建设高等院校教学团队的必要性，阐释知识与知识管理，并重点阐述知识管理与高等院校教学团队建设管理创新相结合的路径。

教学改革作为高等教育改革的重要组成部分，是提高高等教育教学质量的重要途径。目前，不少高等院校在本科教学水平评估的积极导向和推动下，明确了以教学内容和课程体系改革为主线，侧重于教学方法、学科设置等，辅之以教学理念、教学模式、教师素质等的改革。教学团队的建设将会进一步深化高等院校的教育教学改革，促进课程系统与教学内容的进一步优化，有利于解决与人才培养不相适应的教学模式和教学方法，各施所长，从整体上提高人才培养质量。

随着学生需求的多样化和教学内容的不断加深以及现代信息技术引入教学过程，高等院校教师需要及时更新自己的教育理念，树立专业发展的思想，积极探索新的教育教学方法，使自己在专业知识、技能等方面得到不断发展。在知识迅猛发展的今天，高等院校教师的专业发展仅凭个人的学习和探索是远远不够的，还需要通过团队学习实现教师的知识交流与共享，促进教师的专业成长。创建教学团队让教师在教书育人的过程中拥有强烈的成就感和满足感，使教师在合作性工作、创造性劳动和不断学习中满足自己的精神需求，将教师的发展与学校的发展融为一体，协调一致，使学校成为发挥教师智慧和创造力的舞台。

从效率的角度看，团队可通过内部的沟通、整合等，使成员之间互补技巧与经验，使团队能够应付多方面的挑战。相对于教师准备教案、讲课、辅导答疑、批改作业等集多项工作于一身，教学团队能形成较强的综合实力，有效促进课程系统优化与人才培养质量提高。建立优秀的教学团队，通过教师之间的互相启发、补充和激励，不仅可以提高个人工作效能，而且有利于促进团队成员间更积极的人际关系，创造一种尊重人、充满生机和活力的工作环境。团队成员共同工作，可以互相学习，共同进步，特别是有利于培养教师团结协作的意识和技巧，这一切都有助于学校教育教学质量改善。

高等院校教育观念和制度层面对高等院校教学团队的负面影响。长期以来，人们过分强调高等院校教学个体自主性，以致教学团队的建设和管理没有得到应有的关注。高等院校管理中以个人科研绩效为基础的考评制度存在重科研轻教学的倾向，这导致教师不愿将时间、精力等更多地放在教学上。

在教学团队建设的具体过程中，存在将教研室直接"升格"为教学团队的现象。很多高等院校迫于政策的压力，在没有深入开展调查研究的情况下匆匆忙忙将以前的教研室改为"教学团队"，而规章制度、人员结构等"内核"毫无变化。

教学团队建设过程中很多教师缺少团队协作意识，教师的工作方式依然处于传统的孤立封闭的状态，教师之间互不干扰，即使教学中出现了问题和困难，也不交流，更谈不上合作研究。

开展团队协作的内外部环境不够完善。有些学校领导对教学团队建设重视不够，人员流动大，人员间关系复杂，人事管理制度僵化，相关制度不健全，教学团队的整体优势难以发挥。

一、知识与知识管理分析

（一）对知识的分析

知识是"通过学习、实践或探索所获得的认识、判断或技能"。知识资源是知识管理的核心对象。我们可以从知识类型、知识域、知识表达等三个角度对知识进行分析。

知识类型。事实知识（know-what）、原理知识（know-why）、技能知识（know-how）和人际知识（know-who）是国际经济合作发展组织（OECD）对知识的分类，是目前最具权威和观念指导意义的一种分类。事实知识是关于事实与现象的知识。原理知识是知道为什么的知识，主要指科学理论与规律方面的知识。技能知识是知道怎样做的知识，是关于技能和诀窍方面的知识。人际知识是知道谁的知识，也就是关于人力资源、人际关系及管理方面的知识。

①知识表达。根据知识是否表达出来，将知识分为显性知识和隐性知识。显性知识是以文字、符号、图形等方式表达的知识。隐性知识是存在于人的大脑中，未以文字、符号、图形等方式表达的知识。在组织内部，知识管理的目标是将组织专家或成员的隐性知识表达出来，存入纸质或电子文件、数据库等，建立组织内部的知识库，从而有利于组织知识的持续发展和知识共享及利用。

②知识域。根据知识的来源，可分为组织的内部知识和外部知识。内部知识指组织内支持业务运作所需的知识。外部知识指与组织自身发展密切相关的外部组织或个人的知识。

（二）对知识管理的分析

知识管理是对知识、知识创造过程和知识的应用进行规划和管理的活动。作为一种管理思想和方法体系，知识管理是以人为中心，以数据和信息为基础，以知识的创造、积累、共享及应用为目标。

二、知识管理与高等院校教学团队建设管理创新的相结合路径

（一）高等院校教学团队的知识获取管理

知识获取是从已有的知识源中得到有用的知识（包括经验、事实、技巧和规律）。高等院校教学团队知识的获取途径包括教学团队内部积累和外部引入两种形式。

要获取知识可以借助团队知识管理的支持资源（管理资源和技术资源），也可以与其他团队形成知识战略联盟，以共享信息，减少知识获取成本，并提高知识获取的速度。常见的知识获取的方法主要有专家访谈法、问卷调查法、参加学习与合作、文献检索法、数据挖掘技术法等。

（二）高等院校教学团队的知识积累管理

高等院校教学团队的知识积累管理主要指教学团队中知识的存储管理。知识存储是指教学团队将在知识生成管理中所获得的知识经过选择、过滤、加工提炼等存储在适当媒介内以利于需求者便利快速地采集，并随时更新和重组其内容和结构，为知识交流和应用创造良好环境。团队知识的存储有多种形式，包括文本、多媒体、图形、团队活动、团队成员等，既涵盖可以编码化存储的显性知识，也涵盖存在于团队成员头脑中的隐性知识。

一般来说，显性知识可以通过编码后存储在知识库中。因为把知识编码化后存放于知识库进行管理可以极为迅速、无限多次地重复利用，这样不但可以节约知识获取的时间及重新收集的成本，还可以加快技术创新速度，降低创新成本。隐性知识分为可编码的隐性知识和不可编码的隐性知识。可编码的隐性知识可以通过一定条件转化为显性知识，存储在企业的知识库中。不可编码的隐性知识，可以通过知识地图揭示其分布。可以从知识地图上查到隐性知识所在的位置或者知识拥有者的基本信息，然后按图索骥找到我们所需要的知识。

（三）高等院校教学团队的知识交流管理

高等院校教学团队的知识交流管理实际上就是指教学团队知识的共享与传播管理。知识共享与传播就是教学团队内个体、组织的知识通过沟通、知识网络、会议、个人、团体、组织学习等各种手段使团队成员共知共享并经知识创新，实现团队知识增值的过程。

知识共享与传播的机理在于不同类型知识之间的相互转化。知识的转化包括两种：一是组织知识与个人知识之间的转化，二是隐性知识与显性知识之间的转化。组织知识与个人知识之间的转化包括两种形式：一是组织知识向个人知识的转化。这个过程中，个体将学习的知识内化为个人知识，从而在实际中应用知识。二是个人知识向组织知识的转化。这个过程中，个人知识被组织提取编码，形成能够为组织中大多数成员共享交流的组织知识。

在知识管理中，隐性知识的共享与传播具有一定的挑战性。原因在于如何系统地阐述它，使之成为可以交流的类型。有些隐性知识并不属于深度的隐性知识，而只是一种逻辑上、方法上的思维过程，它们被标识为隐性知识，主要因为这类知识需要花费较多的时间与精力才能进行编码。当团队中的文化能够促进和支持这种知识的共享时，就可以通过挖掘和翻译的方式将它们外化为显性知识。对于一些始终处于隐性状态的技术诀窍和经验，这类隐性知识需要采用"人—人"的方式传递实现共享。

（四）高等院校教学团队的知识应用管理

高等院校教学团队的知识应用，是指教学团队或成员将所采纳和吸收的知识实际运用到工作流程、问题解决或决策。这是知识能否产生价值的前提，也是最重要的关键环节。因为没有使用、没有行动的知识是不具有任何价值的。因此，知识的利用，可以使员工在执行任务时，能利用最佳知识达到最佳效果，这是知识管理利用的终极目的。同时，知识应用也是实现上述知识活动价值的环节，决定了组织对知识的需求，是知识获取、创新、存储和共享的参考点。

（五）高等院校教学团队知识管理机制的建设

①知识学习机制。建立有效的知识学习机制，是高等院校教学团队知识管理体系建设及保持高水平发展的一项重要工作。在这方面主要应做的工作是：第一，将"注重知识的学习"作为高等院校教学团队的核心理念之一。第二，制订"个人学习计划"，并定期对

个人学习成果进行评定。第三，建立团队化学习激励机制。

②知识绩效机制。知识绩效机制的作用是对成员申报的知识管理成果进行审查和评定，确定其业绩和效果。它包括成员知识成果稽核制度、知识奖惩制度等。

③知识宽松交流机制。知识管理机制的建立很重要一点就是要建立知识宽松交流的机制和宽松交流的环境。知识的宽松交流机制的建立对于高等院校教学团队来讲相当迫切。比如圆桌会议机制、午餐会议机制、周末团队发展沙龙机制等都是可以具体操作的制度。在这些比较宽松的环境中，团队成员可以自由充分地发表意见，从而获得有价值的意见和建议。

④创新失败宽容机制。高等院校教学团队的工作具有很强的创新性，创新就有风险，因此有必要建立创新失败宽容机制，在一定范围内的失败可以被宽容。这样一来，团队成员创新的积极性就会非常高，创新成果也会随之增多。除了限定宽容的范围之外，创新失败宽容机制还要求失败者将失败的原因进行分析，整理成相应材料，供其他人参考，同时找寻失败原因，为后续成功奠定基础，真正做到"失败是成功之母"。

高等院校教学团队建设是高等教育落实科学发展观、提高教学质量、推进我国高等学校教学改革的一项重要工作，是高等院校教师专业发展的需要，是提高高等院校人才培养水平的需要。目前，高等院校教学团队建设中还存在一定的问题，要从高等院校教学团队的知识获取管理、知识积累管理、知识交流管理、知识应用管理知识管理机制建设等方面，研究知识管理在高等院校教学团队建设中的应用。

第四节　高等院校教学团队教师教学发展职能的外部管理

我国高等院校教学团队被赋予教师教学发展的职能。团队中的教师教学发展具有目标导向、任务支撑、团队合作等特征和优势，也有外部管理部门模糊、激励制度缺失等问题，需通过建立外部管理的组织机制、明确教师教学发展目标、设计富有激励性的教学任务、建立外部考核与强化机制等外部管理措施来激励教学团队的教师教学发展职能的积极性。

一、教学团队教师教学发展职能概述

我国高等学校教学团队起源于 21 世纪初我国高等教育从规模扩张向质量提高的转型

发展期。相对于行政职能渐强、教学合作职能渐弱、运行模式僵化的教研室组织结构，教学团队在教学改革实践及教师教学发展方面所体现的合作、高效、灵活的优势较好地满足了以提升质量为核心、日益深化和多元化的高等教育教学改革与实践的需要。在高等院校自发开展教学团队建设的基础上，2007年初发布的《教育部财政部关于实施高等学校本科教学质量与教学改革工程的意见》指出，加强本科教学团队建设……推动教学内容和方法改革和研究，促进教学研讨和教学经验交流，开发教学资源，推进教学工作的老中青结合，发挥"传、帮、带"的作用，加强青年教师培养。由此，教学团队也获得了政府政策层面的认可和推广，并确认了其教师教学发展职能。

二、教学团队教师教学发展的特征和优势

（一）以明确的团队目标为导向

教学团队的产生背景决定了其终极目标是提高教师教学和人才培养质量，其主要任务是在先进的教学理念的引导下开展各项教学改革与实践以实现团队目标。教学团队明确的目标和先进的教学理念是对教师教学发展的共性价值取向的凝练，对团队教师教学发展具有较强的导向作用。

（二）以教学改革与实践任务为支撑

教学团队不同于教师教学发展中心，不是教师教学发展的服务性组织，而是一个以教学工作为核心组建的工作团队。教师教学发展的职能以团队的教学实践和教改任务为支撑，即在完成团队各项教学任务的过程中产生教师教学发展需要，在团队教学交流和互助中解决教师教学发展的困境和关键问题，在教学活动中实践和完善新获得的教学能力，最终实现教师教学发展。这也符合"从教学实践出发、在教学中实践—回归教学生活"这一教师教学发展的基本过程，使教师的教学发展更具针对性和实效性。

（三）以成员间的合作和互助为基石

教学团队的建立摆脱了过去教师在教学发展中"单兵作战"局面，团队成员间合作互助成为实现充分教学发展的基石。教学团队在完成各项教学实践和教学改革任务的过程中，建立教学导师制和教学传帮带制，通过团队教师间的互助和合作，对青年教师进行教学能力培养；通过定期开展团队集体备课、团队教学改革研讨、团队教学经验交流等集体

教研活动，定期组织教学名师示范课、优秀教师观摩课、青年教师试讲课、中青年教师讲课大赛等课程教学交流活动，定期选派团队教师国内外进修和培训等，有效拓展教师教学发展的维度。通过共同参与、集体思考、交流碰撞、不断学习等，使团队教师更快更广泛地汲取教学知识和发展教学技能，促进其教学发展。

三、教学团队教师教学发展职能的外部管理和激励策略

不同于系、部、教研室这类上下级管理关系明确的行政组织，教学团队作为诞生于教学实践的非行政性教学组织，存在外部管理部门模糊、管理制度缺失等问题，致使团队教师的教学发展缺乏外部组织制度保障和强化激励措施，不利于激发教学团队教师教学发展职能的最高效能。

（一）建立团队外部管理的组织机构和协作机制

大部分高等院校倾向于将教学团队定位为自我管理型团队，强调其自我管理和自我发展，或想当然地认为其外部管理应归属教务部门。然而，即使自我管理型团队也需要足够的外部资源保障，对于教学团队教师教学发展职能而言，这些外部保障应来自高等院校教务处、人事处等多个职能部门的协同合作。针对这一问题，大学教学团队教师教学发展职能的外部管理和激励应该从组织机构建设入手，从学校层面组建多部门协作的教学团队外部管理组织，建立多部门协作的教学团队外部管理机制。如：组建由主管教学校长担任主任委员、教务处处长担任副主任委员、人事处等相关职能部门主要领导和各学院教学院长为主要成员的教学团队建设委员会，对以教师教学发展为主要职能的教学团队进行评价、督促、激励等，逐步形成由教学校长领导、教务处协调推进、人事处等各职能部门密切配合的教学团队外部管理和激励的协作机制。

（二）明确团队的教师教学发展目标

当代主要激励理论之一——目标设定理论认为具体的富有挑战性的目标是极有效的激励力量。目标本身的具体性是一种内在的推动力……困难的目标会使激励作用最大化。教学团队外部管理和激励，应重视团队教师教学发展目标的管理和引导。首先，学校层面的教学团队管理组织应以规章制度的形式明确教学团队的教师教学发展职能及宏观目标。其次，应督促教学团队根据团队实际情况确定其教师教学发展的中长期目标，并以任务书的形式分年度具体化该目标。最后，要引导教学团队适当增加目标设置的难度，形成"跳起

来摘桃子"的教师教学发展策略。值得注意的是，只有在被接受的情况下，困难的目标才会导致更高的工作绩效。因此，在设定挑战性目标的过程中，应重视相关团队教师和职能部门的广泛参与及研讨，以提高目标的可接受性，增强各部门的协作和支持，降低目标达成的阻力。

（三）设计富有激励性的教学任务

如前所述，教学团队的教师教学发展具有以团队教学任务为支撑的特点。而缺乏设计的团队教学任务往往陷入备课、讲课、教学义件制作、教学材料撰写等烦琐的日常教学事务，不利于激发团队教师的教学发展积极性。激励性工作应该具有技能多样性、任务完整性、任务重要性、工作自主性、工作反馈等多个特征。具有上述特征的工作任务能够使工作者体验到工作的意义、对工作的责任等，并了解工作的实际结果，从而增强工作者内在动机，实现高质量的工作绩效。由此，学校层面的教学团队外部管理组织，有必要引导和协助教学团队设计富有激励性的教学任务，以激发团队教师完成教学任务，实现教学发展的内在积极性。

首先，应以人才培养为主线，整合教学团队的教学任务并使其向纵深发展，即通过组织团队教师参与专业人才培养方案的制订，明确专业人才培养目标，了解所讲课程在专业人才培养中的作用，并围绕专业人才培养目标和课程性质开展教学改革、教学研讨和教学实践，从而将教学团队烦琐零散的教学任务整合拓展为整个人才培养活动。任务的整合拓展使团队中的教师不再仅仅是"讲好一门课的教书匠"，而是要掌握更多教育教学规律，拥有更开阔的教育管理视角，了解更多教学改革前沿，实现教学技能的多样性。同时，多项教学任务整合后都更加明确地指向人才培养这一目标，每位教师每项任务的完成效果都关乎人才培养质量，团队的教学工作绩效取决于每位教师的努力程度，这又体现了团队教学任务的完整性、重要性和自主性。此外，应建立良好的教学绩效反馈途径，完善学校教学质量保障体系的反馈机制，为团队教师创造更多教学效果反馈交流机会。如：引导团队定期组织教师相互听课并座谈交流，与学生和教学督导进行教学效果交流，与教学管理层和用人单位进行人才培养效果、人才需求座谈等。通过有效反馈帮助团队教师及时改进教学方法，提高教学技能。

上述富有激励性的教学任务设计，能够增强团队教师教学发展的内在动机，使团队教师的教学发展更富有针对性、多样性和高效性。

（四）建立科学有效的外部考核与强化机制

首先，建立教学团队教师教学发展情况外部考核机制。考核可分为短期考核和中长期考核。短期考核主要考察团队教师教学发展的年度目标设置、年度任务执行等。中长期考核以五年为一周期，考核每周期内团队教师的教学发展成绩，包括团队教师参加教学培训，开展教学改革与研究，获得教学奖励的数量和质量。教学质量监控体系中反馈的团队教师教学水平和教学效果提升情况，团队教师的学历、职称等教学发展显性指标的变化情况等。

其次，应通过经费拨付或政策倾斜等方式强化教学团队的教师教学发展职能。将团队教师教学发展的年度考核结果与团队建设经费的拨付挂钩，对年度目标设置科学合理、目标完成情况良好的团队拨付全额年度建设经费，对考核不合格者拨付部分或暂缓拨付经费。将中长期考核结果与团队及教师的评奖晋职等挂钩，将团队教师教学发展考核结果作为优秀教学团队、优秀教师、教学名师评选、教改经费、教学资源投入等方面的重要参考指标。

第五节　提升高等院校优秀教学团队建设和管理能力的方法

在新课改背景下，高等院校办学压力骤增，不仅需传授学生知识及技能，使学生可以更好地融入社会并进入工作岗位，还需培养学生核心素养，使学生从价值观念、情感态度、精神思想等层次与新时代党和国家建设发展的新理念对接，使学生成为中国特色社会主义事业的接班人。本节通过研究提升高等院校优秀教学团队建设与管理能力的方法，以期提高高等院校教育教学质量，提升人才核心素养。

优秀教学团队是高等院校师资力量的重要构成要素之一，可以保障教师教学方法先进、教育理念科学，具备与时俱进精神。跟随课程改革潮流不断优化育人体系，以优秀的教学团队为依托，营建良好的高等院校教学管理氛围，为学生有效提升核心素养奠定基础。这就需要高等院校不断提升优秀教学团队建设能力以及管理能力，可以根据高等院校教育教学实况有针对性地调整教学团队，实现优化配置本校教育资源管理目标，提高本校办学综合实力。基于此，为提高高等院校教育教学综合质量，提升高等院校教育市场竞争力，研究提升高等院校优秀教学团队建设和管理能力的方法显得尤为重要。

一、提升高等院校优秀教学团队建设能力的方法

①明确建设目标。为确保高等院校教学团队成员劲儿往一处使，心往一处想，科学整合教育教学师资力量，顺利完成高等院校教育教学各项任务，有效提升高等院校教学团队建设能力，需率先明确该团队建设目标，奠定优秀教学团队建设基调，树立一致的团队建设意识，明确团队建设价值。在明确的团队建设目标加持下，提高优秀教学团队建设凝聚力，确保每位教师都能为团队建设不懈努力，围绕共同的建设目标砥砺前行。

②选拔团队核心。团队领导者能力、意识、决策等直接影响高等院校优秀教学团队建设成效。为此，高等院校需妥善选拔团队核心，确保其具备良好的道德情操、品格修养、个人魅力等，具备一定的管理、决策、风险处理等能力，在教师群体间具有公信力、影响力、感染力和凝聚力，使绝大多数教学团队成员愿意听从其领导，削减高等院校优秀教学团队建设阻力，带领该团队与时俱进、科学发展，可以帮助团队内其他成员解决各类问题，担任协调者、组织者、管理者等多重角色，继而有效提升高等院校教学团队建设能力。

③搭建梯队结构。新时代高等院校教育教学发展目标要随之调整，这就需要教学团队积极搭建梯队结构，挖掘教学团队内在潜力，优化调配团队内部资源。通过调整队内成员分工，激发高等院校教学团队最大能量，以攻克高等院校教育教学发展阻力。这就需要高等院校教学团队内部从专业、学科、课程等，成员学历、能力、职称、年龄等层面予以协调，发挥每位成员独特的能效，使教师可以在团队中实现自己的价值。以此为由落实教学技能互补目标，营建良好的团队建设氛围，用年轻教师群体的热情、创新态度、教学冲劲等，感染团队内部资历较老的教师；用老教师沉稳、专注、钻研等执教品格影响年轻教师群体，发挥其"帮、教、带"作用，使教学团队结构更加合理，优化配置高等院校教育资源。

④进行团队文化建设。"文化"会产生无形的力量，让人们的心靠得更近，让教学团队建设能力更强。为此，高等院校需明晰自身办学特色及教学团队特点，进行团队文化建设，形成团队精神，使教师群体可以乐于互助、团结协作、互相学习、共同发展等，用文化将教学团队塑造成一个整体，提高高等院校教学团队整体战斗力，为推动高等院校教育教学事业良性发展奠定基础。

二、提升高等院校优秀教学团队管理能力的方法

①创设和谐稳定的管理氛围。高等院校优秀教学团队管理方向需与其建设目标一致，为达成相关建设目标，需制订科学可行的管理制度，用以约束、敦促、指引教师完成预设教育教学任务，削减高等院校教学团队管理的阻力。为此，高等院校教学团队管理必须兼顾学校、教师及学生群体，通过教学团队管理可以推动学校教育事业发展，助力教师实现自身价值，满足新时期学生身心健康成长需求，继而创设和谐稳定的管理氛围，在多方支持下提升高等院校优秀教学团队管理能力。

②制订科学可行的管理制度。首先，教学团队管理制度需契合实际，不可脱离高等院校办学综合情况，旨在指引教师团队完成阶段性教育教学发展任务，带领学校良性发展。其次，教学团队管理制度需具有渗透性，与每位教师、每个部门息息相关。这就需要高等院校在总结以往管理经验的基础上，制订富有导向性的管理制度，如《教学创新实践管理制度》《信息化教学设备调用管理制度》《教师绩效考核制度》等。确保人人头上有教学团队管理指标，每个部门都明晰自身需承担的教学管理责任，确保各项教学团队管理工作都有的放矢，降低教学团队管理矛盾发生概率。同时，各项管理制度需不断优化调整，确保管理制度的发展与学校教育教学事业发展保持同步，达到提升高等院校优秀教学团队管理能力的目的。最后，高等院校应成立监管部门，从第三方角度着眼审慎分析高等院校教师团队管理实况，避免在管理过程中侵害学生、教师、学校等多方权益，为科学发挥管理制度实施效用奠定基础。

③完善高等院校优秀教学团队管理机制。健康稳定的高等院校优秀教学团队管理机制，可以始终保证该团队充满发展活力。为此，高等院校需做到以下几个方面：一是基层党组织建设机制。高等院校作为基层党建中的重要一环，同时需接受党先进思想的领导，为此需做好党建工作，奠定新时代高等院校教学团队管理基调，确保可以为国家培育优质人才。二是内部管理机制。高等院校应适当将学术权利与行政权利分离开来，提升教学团队自主管理能力，如由教学团队负责制订教学工作计划，革新教学方法，调配内部资源，考核团队成员等日常管理工作，校方管理层在监督教学团队自主管理实况的同时，需给予该团队指导与服务，帮助该团队攻克自主管理难关，不断提升其自主管理能力，继而为高等院校教学团队管理提供保障。三是激励机制。为引导教师自主完成教学管理任务，遵从

教学管理制度，高等院校需制定激励机制，使高等院校教学团队可始终维持强大的吸引力与旺盛的生命力，调动教师教学实践积极性，从个人奖金、科研立项、职称评聘、年度考核等角度予以政策倾斜；继而从物质上激励教学团队稳健发展，通过树立典型、榜样宣传等方法，从精神上激励教学团队践行各项管理制度，提升教师归属感及个人价值，使教师有信心、有能力、有觉悟完成新时代高等院校育人新任务。四是考评淘汰机制。高等院校需秉持"能者上、庸者下"原则进行教学团队管理，通过建立淘汰机制、考核评价机制，营造团队内部竞争氛围，挖掘团队潜能，为更多怀揣教学热情、教学能力较强、教学思想先进的优秀人才提供展示自己的机会。引导教学团队成员自主提高教学实力，积极学习教学团队管理制度及管理理念，提升自身教研水平，提升高等院校优秀教学团队管理能力。

综上所述，为推动高等院校教育事业与时俱进，需明确高等院校优秀教学团队建设目标，选拔团队核心，搭建梯队结构，进行团队文化建设，提高高等院校教学团队建设质量。同时，要通过创设和谐稳定的教学团队管理氛围，制订科学可行的管理制度，完善高等院校优秀教学团队管理机制，提升该团队管理能力，继而助力高等院校有效落实新时代教学目标，提升自身教育教学综合竞争力，推动高等院校教育事业稳健发展。

第六节　心理契约理论与高等院校教学创新团队管理

民办高等院校是一种崭新的社会办学形式，在教育体制的发展过程中具有着举足轻重的地位。影响民办高等院校教学创新团队发展的心理契约因素为精神满足与心理脆弱性，解决方法是建立心理契约的民办高等院校教学创新团队管理模型，包括横向、纵向机制和激励机制。

民办高等院校的发展迎合了高等教育体制下的教育改革，其管理过程具备企业管理和公办高等院校的双重特点。因此，建立双重特性的创新教学团队，有利于促进民办高等院校教学模式优化和教学质量提高，分析影响民办高等院校教学创新团队建设中不和谐的心理因素，给出平衡心理契约的方法。

一、心理契约理论基础

（一）心理契约的发展历程

最初，阿基里斯提出的心理契约理论是用来阐述员工与工头之间的关系。随后，哈利·莱文森等人实证研究后描述为内在组织和员工之间相互期望的总和。专家又将心理契约定义为组织与个人之间的一种隐性契约关系，并把双方应履行的责任和义务的认知与期望结合起来。随着社会分工的不断精细化，缔约双方的类型也朝着多样化方向发展。

（二）心理契约的特征模型

心理契约中存在组织与员工基于承诺和感知在彼此之间形成无形内隐的相互期望，无论传统二维型还是三维创新型，都揭露心理契约模型主观性、内隐性、动态性、双向性等特征。心理契约传统二维型阐述了契约的订立，是以雇佣双方的社会情感作为前提条件，这种双方交易型强调雇员在特定期限内，依据组织所安排任务的完成情况获得一定的报酬，组织也只依据雇员的劳动贡献率来发放一定的工资。而心理契约的三维创新型中介绍了交易责任维度、培训责任和关系责任维度。交易责任是组织依据员工的工作任务情况发放工资来实现诺言的履行，培训责任是组织对员工有进行专业知识培训的义务，关系责任是组织对员工权利和职业前景有着不可推卸的责任。

二、创新教学团队心理契约的内涵特征模型

创新教学团队是一群有着开放意识、创新能力、高度责任感和团队精神的人，以同一专业或同一课程为载体而组成的教学组织形式。他们以团队为单位，利用创新型教育工具和模式为提高该专业或该课程的教学质量而努力，为培养适合时代发展要求的创新型人才而服务。

（一）创新教学团队心理契约特征

创新教学团队的心理契约不同于企业雇佣关系下形成的经济契约。企业制度管理下的员工是以获得经济利益为最终目的的，而教学创新团队下的教师在获得基本教学工资的同时，更加关注精神上的满足。

创新教学团队的心理期望主要表现为：获得学生尊重、领导赞赏、社会对自己教学认

可，获得优秀教师等荣誉，得到晋升的机会，通过学校考核。作为教师，为自己能在所喜爱的教学岗位上传道授业解惑而满足，为自己所深爱的教学科研而奉献感到光荣。在教学过程中，教师能与社会各界学者探讨问题，致力于推动教学事业的发展，获得满满的成就感。由此可见，创新教学团队在心理感知与外在的物质需求相比，更加注重追求强烈的精神满足，心理契约的内容偏重于创新教学团队成员的社会偏好。

心理契约具有脆弱性，受创新教学团队成员间心理因素变化影响。基于契约的内容是感知实现的，发生在教学创新团队和成员之间。所以，双方中任意一方心理发生变化，产生了不信任感，都会使心理契约破裂。

（二）物质与精神二维平衡模型

为了让心理契约能在创新教学团队中永久维持下去，防范心理违背的发生，要把握平衡心理契约的三个特征值，建立精神与物质相结合的激励机制，激发团队成员的荣誉感、进取心、责任心、事业心、积极性等。

创新教学团队要注重成员外部、内部的职业发展机会和动态绩效。成员有义务提高外部市场需要的技能和帮助教学创新团队保持竞争力，达成不断变化的组织目标。创新教学团队有责任承诺给予员工在组织中职业发展的机会，帮助成员实现高绩效的需求。

物质激励，即用基本工资、剩余索取权分享等外在的报酬形式来激励创新教学团队的每一个成员。非物质激励，是通过教学团队成员的价值认可、荣誉感激励、职业生涯发展的赞同、剩余控制权的分享、公平分配等内在的报酬形式激励创新教学团队中的每一个成员。综合这两种激励方式，让团队成员在教学创新研究领域能感知教师角色的存在，激发教师投入教学创新的热情，提高民办高等院校办学质量。

三、构建创新教学团队心理契约平衡的管理模型

（一）心理契约平衡管理模型建立的意义

心理契约是教学创新团队与成员之间的相互期望，建立平衡管理模型是为了让教学创新团队与成员之间的心理契约得以稳定的延续下去，减少双方因心理波动而使契约发生违背的可能性，最终是为了促进创新教学团队与成员双向发展。

平衡心理契约管理模型建立的意义：

1. 致力于团队成员间的共同目标

让成员在教学过程中铭记以"创新教学为宗旨，提高教学质量为目标"，实现自身的物质与精神价值，又能将每个个体凝聚到教学创新前沿，推动整个教学创新团队在教学创新领域发展。

2. 协调人员的异质性

缩小教学创新团队在地位与权威上的差距，增强不同成员间的沟通能力，形成对价值观和道德标准的认知。破除制度障碍，在平等的关系中民主科学决策，实现成员间良性互动。

3. 激发教学创新团队成员的热情，获得成就感

当创新团队成员获得组织、管理员的认可时，创新教学团队成员对专业知识的发挥和能力的发展会呈现出超越自我的倾向，在获得成就感的过程中不断提高能力，在享有能力时不断追求成就感。如此循环往复，使创新教学团队成员有创新教学的主人翁意识。

4. 加强团队成员知识的共享与合作

在科技迅速发展、知识日益更新的时代背景下，个体吸收知识的速度和对知识的整合较慢，研究课题也呈现出多样化的发展趋势，这就要求要实现由个人创作到团队集体协作的转变。

5. 责任与权力的公平性

创新团队的成员是具有创新意识和专业教学经验的教师群体组成的，而教学创新过程中存在外部资源分配不合理、团队研究成果不能按个人劳动贡献率惠及每个成员身上等问题，这些现象的出现警示着团队管理者要注重公平，防止心理违背的出现。

6. 增强团队中成员的责任感

团队成员在个人的教学工作中会不遗余力地贡献自己的力量，改革教学模式，提高教学质量；在个人与他人的协作中会积极探讨，加深对教学课题的了解，推动教学的创新发展。

（二）基于心理契约的教学创新团队管理策略

心理违背现象的产生是制订教学创新团队在成员心理方面的管理策略的必然结果。这里将提到制订横向、纵向监督机制和激励机制来优化教学创新团队中对心理契约的管理，

用监督机制对教学创新团队的成员进行强制约束，用激励机制唤醒成员的内在责任感，以达到人性化管理的目的。

制订横向监督模型指的是在教学团队成员之间形成相互监督的方式。团队作为一个整体，存在团队资源分配的公平问题和团队利益的实现问题，而每个成员所获得资源是有限的，这就决定成员之间不能存在浪费和占用他人资源的现象，团队利益是每个成员共同努力的结果，单个成员的不尽职行为可能会影响整个团队研究成果的质量。所以，成员之间是不允许有"搭便车"、偷懒等危害集体利益现象存在。制订纵向监督模型指的是团队管理者利用权利进行科学决策，实施整套方案对团队发展做出规划，并制定相关制度来规范团队成员的行为，使其符合教学团队发展的需要。

心理契约是一种隐性契约关系，其主观理解和感知信念的不稳定性导致心理违背是不可避免的。平衡心理契约，制订教学创新团队心理契约管理策略，对民办高等院校教学创新团队的和谐稳定发展起到了积极作用。

参考文献

[1] 薛彤，张蓉，林妍梅.关于高等院校教学团队执教能力提升的思考 [J].教育与职业，2014(8).

[2] 郭计华，等.西部地区新建本科院校教学团队建设与高等院校内涵式发展：以兴义民族师范学院为例 [J].中小企业管理与科技（中旬刊），2016(1).

[3] 周俊辉.高等院校"非遗"传承专业教学团队建设实效性研究：以浙江高等院校27 个相关基地建设为例 [J].丽水学院学报，2016(1).

[4] 钟晓红，余歆峰.地方高等院校青年教师培养途径探析：以江西省为例 [J].四川理工学院学报（社会科学版），2013(3).

[5] 邢凯华.基于产学研战略的地方高等院校教学团队建设实践研究：以西安欧亚学院会计学院为例 [J].知识经济，2016(2).

[6] 刘时勇.地方高师院校办学定位与创新型人才培养 [J].四川理工学院学报（社会科学版），2011(2).

[7] 阿拉坦巴根.心理契约研究进展及发展趋势 [J].民族高等教育研究，2015(5).

[8] 张建民，王霞.心理契约研究现状 [J].求实，2010(2).

[9] 杨静.理念型心理契约对大学科研团队绩效影响的实证研究 [D].长沙：中南大学，2013.

[10] 池颖.我国高等院校科研创新团队建设研究 [D].长春：吉林大学，2009.

[11] 朱学红.研究型大学创新团队心理契约研究 [D].长沙：中南大学，2008.

[12] 郭艳丽.建设创新型教学团队提升教学质量 [J].教育教学论坛，2018(4)：200-201.

[13] 梁冬梅.基于应用型人才培养的校企合作教学团队内涵建设 [J].教育与职业，2017(18)：76-79.

[14] 衷明华.地方高等院校教学团队的建设实践：以韩山师范学院基础化学教学团队

建设为例 [J]. 教育观察（上旬），2017，6(15)：51-53.

[15] 侯卫周 . 教学团队建设对促进青年教师职后发展的策略研究 [J]. 中国教育技术装备，2017(12)：38-39，42.

[16]邹娜.教学团队建设:民办高等院校组织文化建设的重要手段 [J].扬州大学学报(高教研究版)，2011，15(1)：60-63.

[17] 孙艳敏，李云波，张慧 . 浅谈民办高等院校以专业建设为核心的英语教学团队建设的研究 [J]. 教育教学论坛，2010(32)：233.

[18] 杨秀芹 . 教学团队的演进逻辑与自组织管理 [J]. 当代教育科学，2016(2).

[19] 周宇 . 跨学科融合：地方高等院校教学团队构建的逻辑与路径 [J]. 广东技术师范学院学报，2017，38(5).

[20] 艾志红 . 独立学院教学团队成员信任关系的演化博弈分析：基于心理契约视角 [J]. 高教学刊，2017(5).

[21] 黄文敏 . 分形理论对大学组织管理的启示 [J]. 青年科学（教师版），2014，35(11).

[22] 綦良群，王成东 . 产业协同发展组织模式研究：基于分形理论和孤立子思想 [J]. 科技进步与对策，2012，29(16).

[23] 范高贤，关忠良 . 混沌分形理论在经济及企业组织管理中的应用研究 [J]. 生产力研究，2009(11).